Museum Folkwang

Museum Folkwang
Die Architektur

Mit Texten von
David Chipperfield,
Wolfgang Pehnt,
Bruno Haas u. a.

Mit Fotoessays von
Agata Madejska,
Stephanie Kiwitt und
Marion Poussier

Edition Folkwang / Steidl

Inhalt

Grußwort

Krupp hat das Museum Folkwang unterstützt, seitdem sich die Sammlungen in Essen befinden. Als 2006 ein neuer Erweiterungsbau unumgänglich geworden war, wandte sich der Museumsdirektor Hartwig Fischer in dieser Sache an mich. Auf meinen Vorschlag hin entschied das Kuratorium der Alfried Krupp von Bohlen und Halbach-Stiftung einstimmig, diesen Bau allein zu finanzieren. Den Architektenwettbewerb gewann David Chipperfield.

   Mich begeisterte diese Konstellation: ein tatkräftiger Museumsdirektor und ein international renommierter Architekt, dessen Arbeit mich an den von mir verehrten Mies van der Rohe erinnert. Der Neubau des Museum Folkwang ist das größte Einzelprojekt, das die Stiftung je getragen hat – ein Geschenk an die Essener Bürgerinnen und Bürger. Bei jedem Besuch, schon bei jeder Vorbeifahrt, bin ich stolz auf die elegante und großzügige Architektur dieses Museums.

Berthold Beitz
Vorsitzender der Alfried Krupp von Bohlen und Halbach-Stiftung

Eine Halle für die Kunst –
das neue Museum Folkwang in Essen

Selten bekommt eine Stadt etwas geschenkt. Und noch seltener wird eine Stadt so reich und großzügig beschenkt, wie es in Essen geschehen ist. Es ist mehr als eine glückliche Fügung, dass der Vorsitzende der Alfried Krupp von Bohlen und Halbach-Stiftung, Professor Berthold Beitz, dem Museum Folkwang schon so lange und intensiv verbunden war, dass er den Neubau, über den in der Stadt ausführlich diskutiert wurde, zu seiner Sache machte. Er war es, der das Kuratorium der Stiftung davon überzeugen konnte, als alleinige Stifterin den Bürgerinnen und Bürgern der Stadt diesen Neubau zum Geschenk zu machen – ein Geschenk von immerhin 55 Millionen Euro.

Folkwang – das ist eine Erfolgsgeschichte. Für die Kunst, für Essen. Gleichzeitig ist es ein einzigartiges Gütesiegel, das mehr einschließt als nur das Museum. Von Beginn an stand dieser Name für eine herausragende Sammlung moderner Kunst höchster Qualität. Er stand und steht auch für eine besondere Betrachtungs- und Herangehensweise an Kunst und Kunstvermittlung. Und so muss auch das Gebäude, die Hülle für die Kunst, höchsten Ansprüchen genügen.

Folkwang – das ist Tradition. Ganz im Sinne von Karl Ernst Osthaus hat zeitgenössische Kunst seit Jahrzehnten hier ihren Platz; von Beginn an war das Museum Folkwang offen für die Kunst der Gegenwart. Dass wir in Essen eine solch einzigartige Sammlung besitzen, verdanken wir zunächst einmal der großzügigen finanziellen Unterstützung privater Geldgeber und Stifter, mit der wir die umfassende und erstklassige Folkwang-Sammlung im Jahre 1922 für den Betrag von fünfzehn Millionen Reichsmark erwerben konnten.

Bereits wenige Jahre nach der Eröffnung war das Museum nicht nur national, sondern auch international bekannt und anerkannt. Sein Ruf als „schönstes Museum der Welt", wie Paul J. Sachs, einer der Mitbegründer des MoMA in New York, es in den dreißiger Jahren des letzten Jahrhunderts nannte, ist auch eine Verbeugung vor den Menschen, die sich mit ihrem Herzblut und all ihrer Energie dieser Sammlung verschrieben haben.

Auch der Neubau des Museum Folkwang steht in der Tradition privater und öffentlicher Kooperation. Finanziert durch die Alfried Krupp von Bohlen und Halbach-Stiftung, konzipiert von David Chipperfield Architects und realisiert durch die Neubau Museum Folkwang Essen GmbH, ein Unternehmen der Wolff-Gruppe, ist der Neubau dieses von Stadt und Museumsverein gemeinsam getragenen Museums ein neues und starkes Symbol für diese Kooperation.

Dank David Chipperfield und seiner großartigen Architektur finden die kostbaren Werke hier einen perfekten Präsentationsraum. Das neue Gebäude ist für sich schon ein Kunstgenuss. Ganz im Sinne von Karl Ernst Osthaus ist es keines, das sich in den Vordergrund drängt, sondern eine Halle der Kunst, die sich sehr bewusst zur Stadt hin öffnet. Selbstbewusst steht dieser Bau auch für ein Mäzenatentum, das Essen seit jeher im kulturellen Sektor gefördert hat – sei es mit dem Ankauf der Sammlung Folkwang, sei es neuerlich mit der Schenkung dieses wundervollen Museumsneubaus.

Ich freue mich sehr über dieses Buch, das die einzigartige Qualität des Chipperfieldschen Neubaus aus ganz unterschiedlichen Perspektiven beleuchtet.

Reinhard Paß
Oberbürgermeister der Stadt Essen

Das neue Museum Folkwang

Hartwig Fischer

Selten dürfte ein Museum in so kurzer Zeit so grundlegend verwandelt worden sein wie das Folkwang zwischen 2007 und 2010. Ermöglicht wurde dies durch eine beispiellose Entscheidung: Am 24. August 2006 gab Berthold Beitz bekannt, dass die Alfried Krupp von Bohlen und Halbach-Stiftung den Neubau als alleinige Förderin mit 55 Millionen Euro finanzieren werde. An die Förderung waren vier Bedingungen geknüpft:

1. Der Neubau sollte zu Beginn des Kulturhauptstadtjahres RUHR.2010 fertiggestellt sein – auch wenn die Stiftung ihre Förderung nicht als Maßnahme im Rahmen des Kulturhauptstadtjahres bewilligte, sondern um die Zukunft der Institution langfristig zu sichern.
2. Der Neubau sollte von hoher architektonischer Qualität sein.
3. Die Stadt Essen, Trägerin des Museums, musste sich vertraglich verpflichten, den Neubau jederzeit in einwandfreiem Zustand zu erhalten und jährliche Rücklagen zu bilden, um zu gegebener Zeit ein wertgleiches Gebäude errichten zu können.
4. Der Neubau war innerhalb des vorgegebenen Budgets zu realisieren.

Warum war der Neubau notwendig? Nach den Zerstörungen des Zweiten Weltkrieges hatte das Museum Folkwang 1960 ein neu errichtetes Gebäude bezogen, das zu den schönsten Museumsbauten der Nachkriegszeit zählt. Es steht seit 1992 unter Denkmalschutz. Den Anforderungen an ein modernes, wachsendes Museum konnte es jedoch aufgrund seines begrenzten Raumangebots schon bald nicht mehr genügen. War die Sammlung zunächst auf Malerei und Skulptur sowie auf Grafik und außereuropäische Kunst konzentriert, so kam 1978 mit der Fotografischen Sammlung eine weitere Abteilung hinzu, die sich ebenfalls rasch entwickelte und das Gesicht des Folkwang mitprägte. Der 1983 eröffnete Erweiterungsbau entschärfte zunächst das Problem, ohne es zu lösen, da er auch das benachbarte Ruhrlandmuseum unterzubringen hatte. Das Deutsche Plakat Museum, das seit seiner Gründung in Essen 1974 dem Museum Folkwang assoziiert war, konnte nicht darin aufgenommen werden.

   Als 2005 der Rat der Stadt Essen nach mehrjähriger Planung zur Neuordnung der Essener Museumslandschaft den Beschluss fasste, das Ruhrlandmuseum auf dem Areal der Zeche Zollverein im Norden der Stadt anzusiedeln, stellte sich für das Museum Folkwang die Zukunftsfrage – und dies umso mehr, als sich herausstellte, dass das Gebäude von 1983 aufgrund technischer Beeinträchtigungen nicht länger ohne massive Eingriffe und Ertüchtigungsarbeiten genutzt werden durfte. Anfang 2006 lag eine Machbarkeitsstudie vor, die zum Ergebnis hatte, dass eine Mindestsanierung ca. 20 Millionen Euro, der Umbau ca. 46 Millionen und ein Neubau ca. 53 Millionen Euro kosten würde. Rasch kristallisierte sich als einzig zukunftsträchtige Lösung der Neubau heraus. Da die Stadt gemeinsam mit dem Folkwang-Museumsverein zwar seit 1922 zu gleichen Teilen Eigentümerin der bedeutenden Folkwang-Sammlungen war, als Trägerin aber allein verantwortlich für Bau, Unterhalt und Personal, stellte sich die Frage, wie ein solches Vorhaben angesichts der schwierigen Finanzlage der Stadt verwirklicht werden sollte. Den heftigen Streit, der sich darüber im Sommer 2006 entspann, beendete Berthold Beitz mit der Entscheidung der Krupp-Stiftung.

Im Herbst 2006 lobte die Stadt Essen einen internationalen Wettbewerb aus, an dem schließlich zwölf Büros teilnahmen. Er basierte auf dem Raumprogramm, das die Bedürfnisse des Museums definierte: Der Neubau sollte den kleineren, denkmalgeschützten Altbau kongenial und respektvoll ergänzen und alle relevanten Funktionen und Räume eines modernen Museums aufnehmen. Zu realisieren war ein Gebäude mit ca. 4.000 qm Ausstellungsfläche, darunter Räumen für die permanente Sammlung 20. und 21. Jahrhundert, für die Fotografische Sammlung, das Deutsche Plakat Museum und die Grafische Sammlung sowie einem großen Raum für Wechselausstellungen – alle Ausstellungsräume mit hohen Ansprüchen an Klimastabilität, Sicherheit und Besucherkomfort. Daneben waren Büros, Werkstätten, Restaurierungsateliers und Depots, ein öffentlich zugänglicher Studienraum, eine Buchhandlung, ein Restaurant mit angeschlossenem Multifunktionsraum und eine Tiefgarage vorgesehen. Mit einem alle Erfordernisse erfüllenden Entwurf für ein lichtdurchflutetes, großzügiges, funktional strukturiertes Gebäude gewann David Chipperfield Architects den Wettbewerb nach einem zweiten Durchgang im März 2007.

Nun musste gewährleistet werden, dass der Bau mit hohem Qualitätsanspruch und strenger Kostenkontrolle in der gesetzten Frist entstehen würde. Stiftung und Stadt wandten sich hierfür an Klaus Wolff, der in Essen bereits in mehr als einem Fall anspruchsvolle Projekte am Schnittpunkt von öffentlichem und privatem Bauen unter schwierigsten Bedingungen vollendet hatte und mit der Neubau Museum Folkwang Essen GmbH das Instrument schuf, um den Neubau zu realisieren.

Das Errichten des Folkwang-Neubaus war in jeder Hinsicht ein außerordentliches Unterfangen: Für eines der renommiertesten Kunstmuseen der Bundesrepublik galt es, in einem scharf definierten Kostenrahmen und in kürzester Zeit ein hochkomplexes Gebäude zu errichten und in Gebrauch zu nehmen.

Der Neubau gliedert sich in mehrere Baukörper, die durch Innenhöfe und Umgänge untereinander sowie mit dem Altbau verbunden sind. Mit hellen, transluzenten Glaskeramikfassaden, einladender Freitreppe, großen Glasfronten und weiten Blicken erschließt sich dem Besucher das klar gefügte Ensemble. Alles strahlt Gelassenheit, Klarheit, Offenheit aus; zugleich ergeben sich beim Durchschreiten der Räume überraschende Perspektiven. Natürliches Licht durch Oberlichter und Seitenfenster erfüllt den Bau und verleiht den Kunstwerken starke Präsenz.

Es galt, den Altbau in seiner Eigenheit zu respektieren und zugleich zu einem selbstverständlichen Teil des Ganzen zu machen. Zu bewältigen war daneben aber auch die anspruchsvolle Aufgabe, ihn technisch an den Neubau anzupassen und im Zuge dieser Arbeiten von Grund auf zu erneuern, weitere Ausstellungsflächen von ca. 800 qm zu erschließen und die Oberlichter wiederherzustellen.

Dieses Buch dokumentiert mit seinen Textbeiträgen die architektonischen, funktionalen und politischen Herausforderungen. Die fotografischen Aufnahmen geben einen Eindruck von den Bauarbeiten und vom vollendeten Bau. Wir haben zudem drei junge Künstlerinnen beauftragt, unterschiedliche Aspekte des neuen Museum Folkwang in Fotoessays zu erschließen: Stephanie Kiwitt konzentrierte sich auf das spröde, ruhrspezifische Umfeld des Gebäudes, Agata Madejska auf die räumlich-grafischen Qualitäten der beiden Gebäudeteile, Marion Poussier auf die Besucher in den Sammlungs- und Ausstellungsräumen.

Allen, die zum Erfolg des Neubau-Projektes beigetragen haben, gilt unser Dank. Er richtet sich zuerst an Herrn Professor Beitz und die Mitglieder des Kuratoriums der Alfried Krupp von Bohlen und Halbach-Stiftung für die einzigartige Unterstützung; sodann an David Chipperfield, seinen planenden Architekten Alexander Schwarz sowie Eberhard Veit für ein exemplarisch schönes, hochfunktionales Gebäude, das bereits mehrfach ausgezeichnet wurde; nicht weniger an Klaus Wolff und seine Mitarbeiter Jens Balke, Meik Bellenbaum, Dieter Deichsel, Sven Lemke, Lorenzo Piqueras und Kay Zetzsche für die großartige Leistung bei Planung, Bau und Inbetriebnahme des neuen Museums sowie bei der Erneuerung des Altbaus; an die Verantwortlichen im Rat und in der Verwaltung der Stadt Essen für die verlässliche Unterstützung, vor allem an Oberbürgermeister Dr. Wolfgang Reiniger und Oberbürgermeister Reinhard Paß sowie an Oliver Scheytt, Simone Raskob, Christian Kromberg und Rüdiger Kersten – dass der Neubau in so kurzer Zeit entstehen konnte, darf auch als verwaltungspolitische Meisterleistung gelten. Dank gilt dem Folkwang-Museumsverein, namentlich den Vorständen, zunächst unter dem Vorsitz von Henner Puppel, sodann von Achim Middelschulte, für die vertrauensvolle Zusammenarbeit und für das finanzielle Engagement bei der Erneuerung des Altbaus. Und danken möchte ich schließlich den Mitarbeiterinnen und Mitarbeitern des Museum Folkwang, stellvertretend für alle Ute Eskildsen, Holger Peters, Hans-Jürgen Lechtreck und Silke Zeich, die mit großem Einsatz die Planungs- und Bauarbeiten begleitet und in kurzer Zeit mehrere Umzüge von Sammlungen und Büros sowie die Vorbereitung des Einzugs und mehrerer Sonderausstellungen mit allen Herausforderungen bewältigt haben, sowie unseren Beratern Bruno Haas und Marc Fontoynont.

Hartwig Fischer war von 2006 bis 2012 Direktor des Museum Folkwang;
seit 2012 ist er Generaldirektor der Staatlichen Kunstsammlungen Dresden.

Die Baustelle

David Chipperfield

Die Geschichte des Museum Folkwang ist eine Geschichte fortwährenden Wandels. Durch die traumatischen Geschehnisse des 20. Jahrhunderts hindurch hat sich die Sammlung ihren Geist und ihre Bedeutung bewahren können. Die Gebäude, welche diese außerordentliche Sammlung beherbergen, unterlagen einem Prozess von Zerstörung, Restrukturierung und Ergänzung. Der Beschluss, den Erweiterungsbau aus den 1980er Jahren von Grund auf neu zu errichten, signalisierte, dass dieser Wandlungsprozess in einem unglücklichen Zustand stecken geblieben war. Das Museum, das lediglich durch seine Sammlung zusammengehalten wurde, bildete eine verwirrende architektonische Collage, die sich nicht recht in ihr urbanes Umfeld einfügen wollte.

Die Entscheidung, ein Gebäude abzureißen, das noch keine dreißig Jahre alt war, zeigt das Unbehagen über den grundsätzlichen Charakter des Erweiterungsbaus. Als wir uns mit der Aufgabenstellung auseinandersetzten, war es wichtig, zunächst die Ursache für dieses ungewöhnliche Maß an Unzufriedenheit zu verstehen. Warum war das Gebäude derart unbeliebt, dass es so früh wieder abgerissen werden sollte? Nach meiner Überzeugung war es nicht unser Ziel, lediglich eine Architektur durch eine andere zu ersetzen, wie man die Kleidung wechseln mag, sondern vielmehr die Gründe für das Missfallen am bestehenden Gebäude zu erkennen. Womöglich war der architektonische Stil des Erweiterungsbaus aus den 1980ern ein wenig brutal und sehr seiner Zeit verhaftet, doch glaubten wir nicht, dass solch hochgradige Abneigung allein von architektonischem Geschmacksempfinden geweckt werden konnte.

Während also der Anbau von 1983 auf wenig Begeisterung zu stoßen schien, war man dem „Original"-Gebäude aus den 1950ern durchaus gewogen. In einem Mießschen Stil um zwei Innenhöfe herum gebaut und mit großen Fenstern zur Straße versehen, überzeugte das Gebäude gegenüber der späteren komplizierten, verwirrenden Erweiterung durch seine Einfachheit.

Da das neue Gebäude sehr viel größer sein würde als der 1950er-Jahre-Bau, wollten wir, dass sich die „Erweiterung" in gewisser Weise des Originalbauwerks annahm. Wir waren der Ansicht, dass die Gestaltung des neuen Gebäudes durch den Geist und die Klarheit dieses schlichten Stücks Architektur geprägt sein sollte. Aus dessen eingehender Betrachtung ließen sich Grundsätze entwickeln, die unser Projekt leiten sollten. Diese Grundsätze, also die Öffnung zur Straße hin, die klare Orientierung durch Blicke nach draußen wie auf die Innenhöfe und die Unterbringung der Ausstellungsräume auf einem Niveau, waren den Ideen des 1980er-Jahre-Gebäudes sicherlich diametral entgegengesetzt.

Der britische Kunstkritiker David Sylvester sagte einmal ziemlich grantig, der Künstler habe keinen größeren Feind als den Architekten. Damit meinte er die Neigung von Architekten, die Rolle der Architektur im Zusammenhang mit einem Museum oder einer Galerie falsch zu verstehen. Im Fall des Museum Folkwang ist die Qualität der Sammlung ein deutliches Argument für eine Architektur, die einen ruhigen Hintergrund für die Kunst bieten sollte. Zwar gibt es Zeiten, in denen Museums-architektur provokativer sein muss, doch schien es bei diesem neuen Gebäude vorrangig darauf anzukommen, eine gute Umgebung für die Sammlung zu schaffen und einen stärkeren physischen Zusammenhang mit der Innenstadt herzustellen. Diese Überlegungen haben unseren Entwurf für die Erweiterung des Museums geprägt.

Die Positionierung des neuen Eingangs an der Bismarckstraße, die eingeschossige Ausrichtung der öffentlichen Bereiche, die Fortführung einer aus dem 1950er-Jahre-Bau stammenden Ebenerdigkeit, die klare Raumgliederung und die großzügigen Hallenbereiche wurden allesamt aus dem Wunsch entwickelt, ein Gebäude zu gestalten, das Sammlung und Stadt zusammenbringt. Innenhöfe, die für Orientierung und großzügiges Tageslicht in den Nicht-Ausstellungsbereichen sorgen, verbinden den Neubau nicht nur mit dem Originalgebäude, sondern auch mit der urbanen Umgebung.

Das Gebäude sollte sowohl vertraut als auch überraschend sein, geschützt, aber zur Stadt hin offen, gehaltvoll, aber licht. An erster Stelle wollten wir ein Museum bauen, das die Schönheit sei-ner Sammlung zeigen und den Essener Bürgerinnen und Bürgern einen neuen öffentlichen Raum bieten sollte.

David Chipperfield ist seit 1984 als selbstständiger Architekt tätig; er ist Gewinner zahlreicher Wettbewerbe und Preise. Wichtige Museumsbauten seit 2000: Figge Art Museum, Davenport (2005), Literaturmuseum der Moderne, Marbach (2006), Neues Museum, Berlin (2009).

Die Entwurfszeichnungen

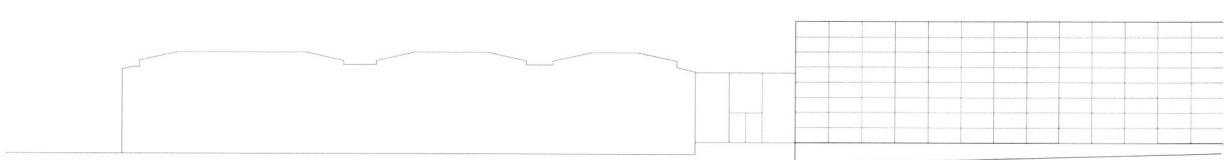

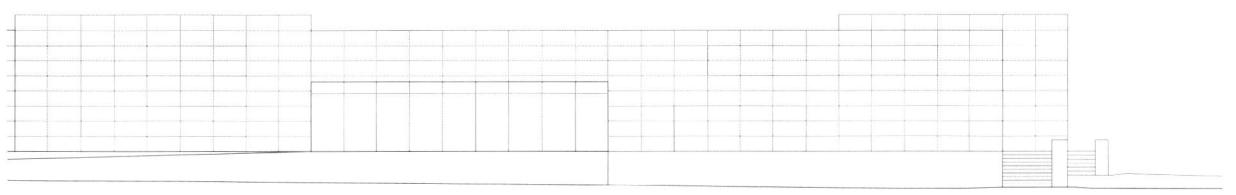

20 m

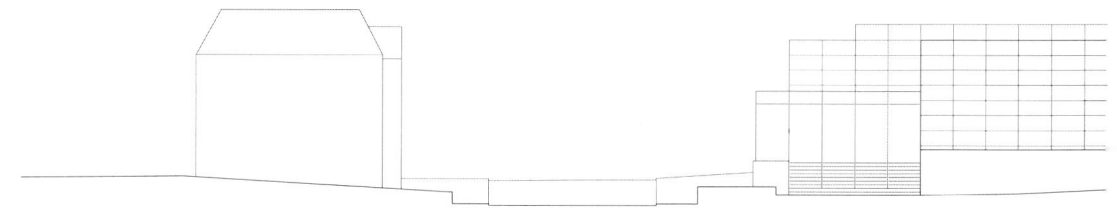

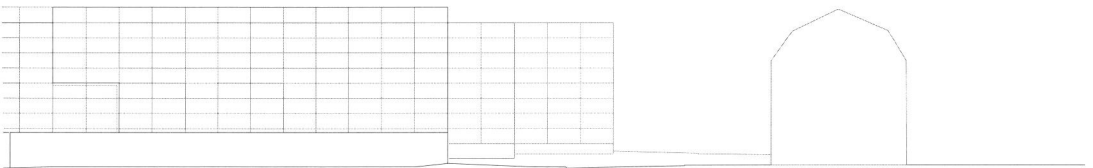

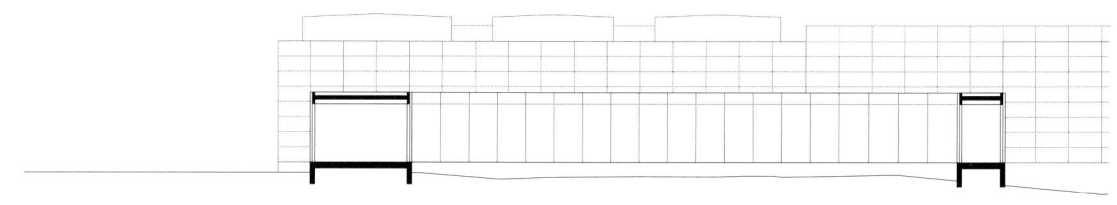

20 m

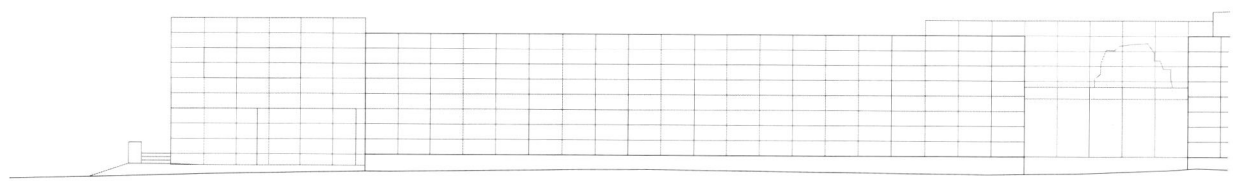

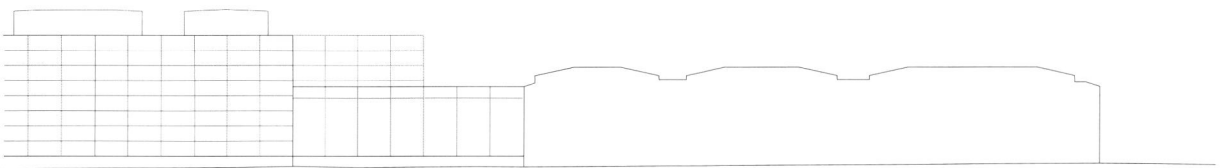

20 m

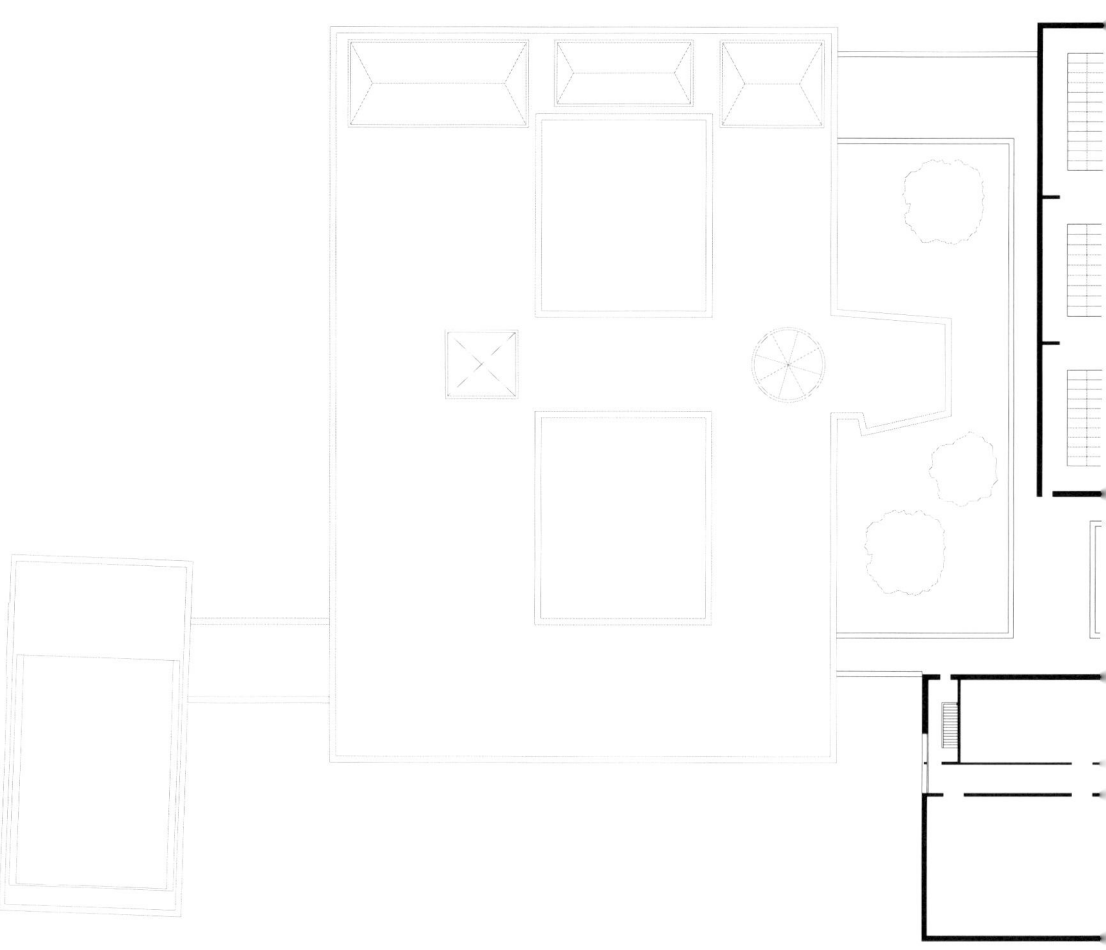

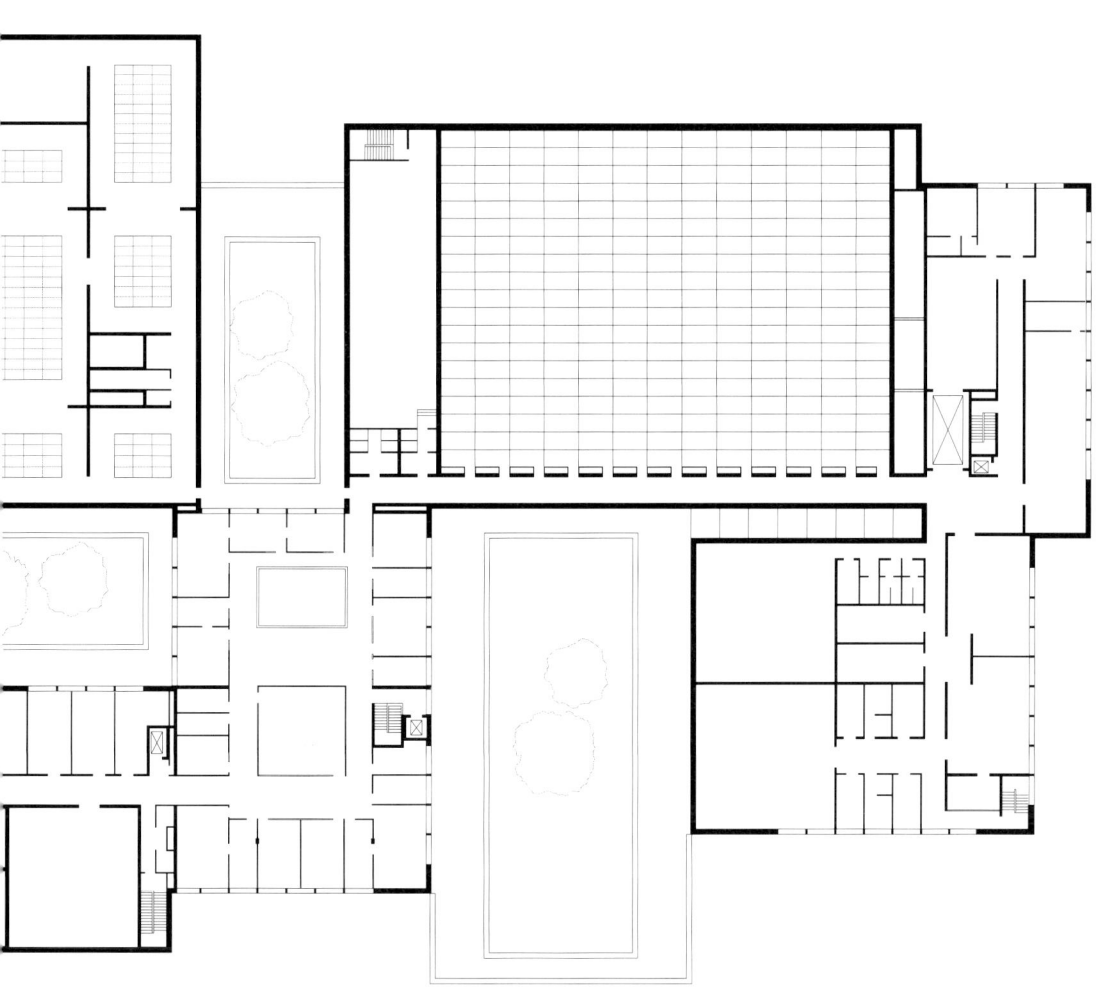

N

20 m

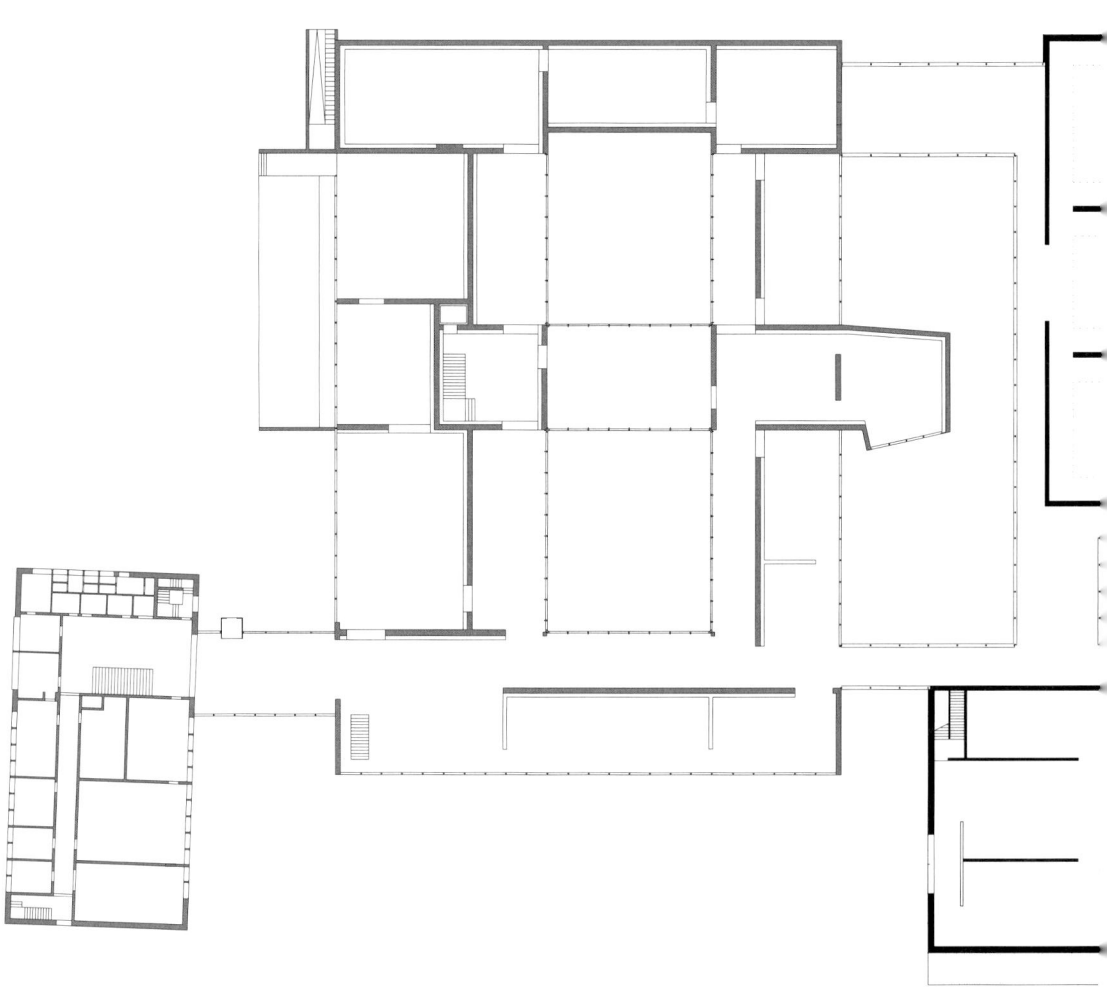

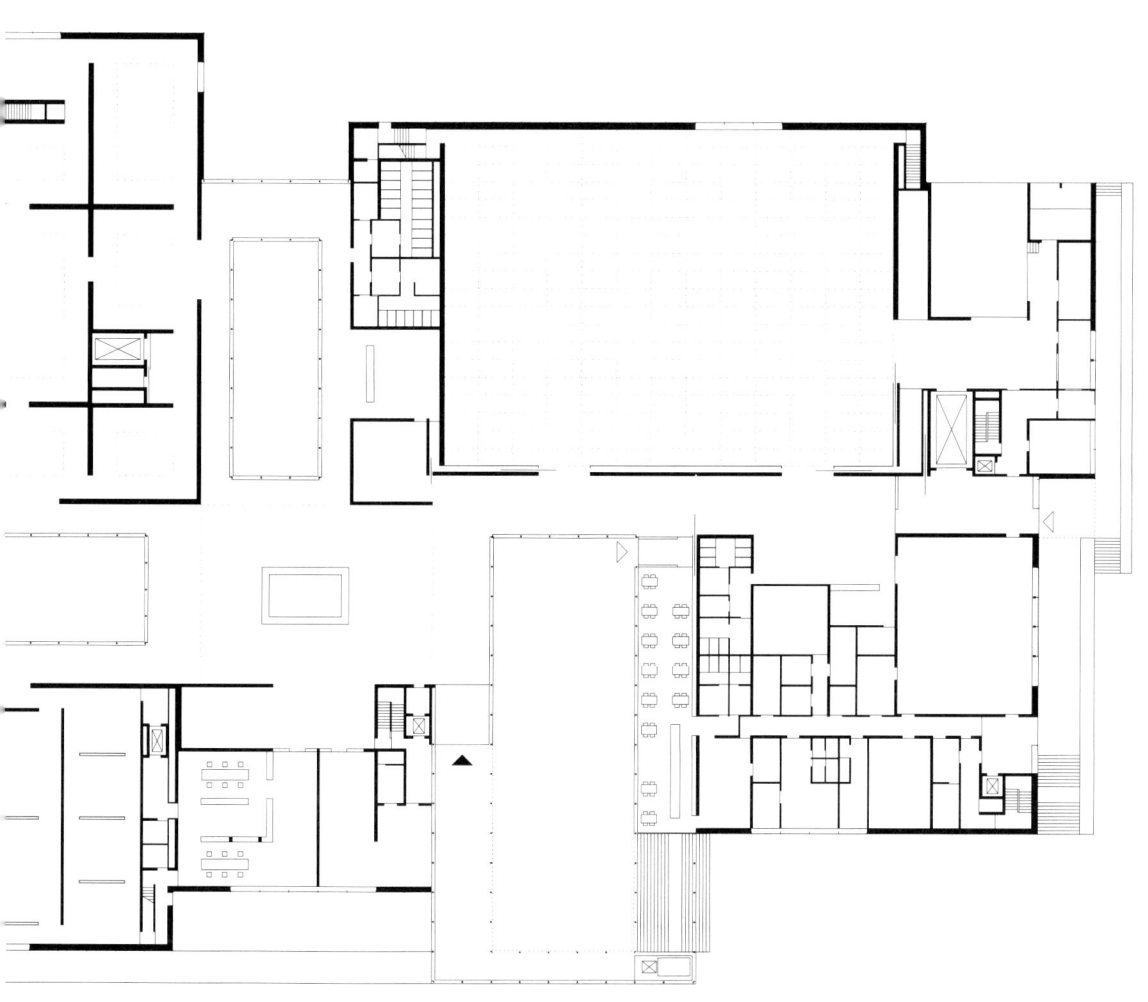

N

20 m

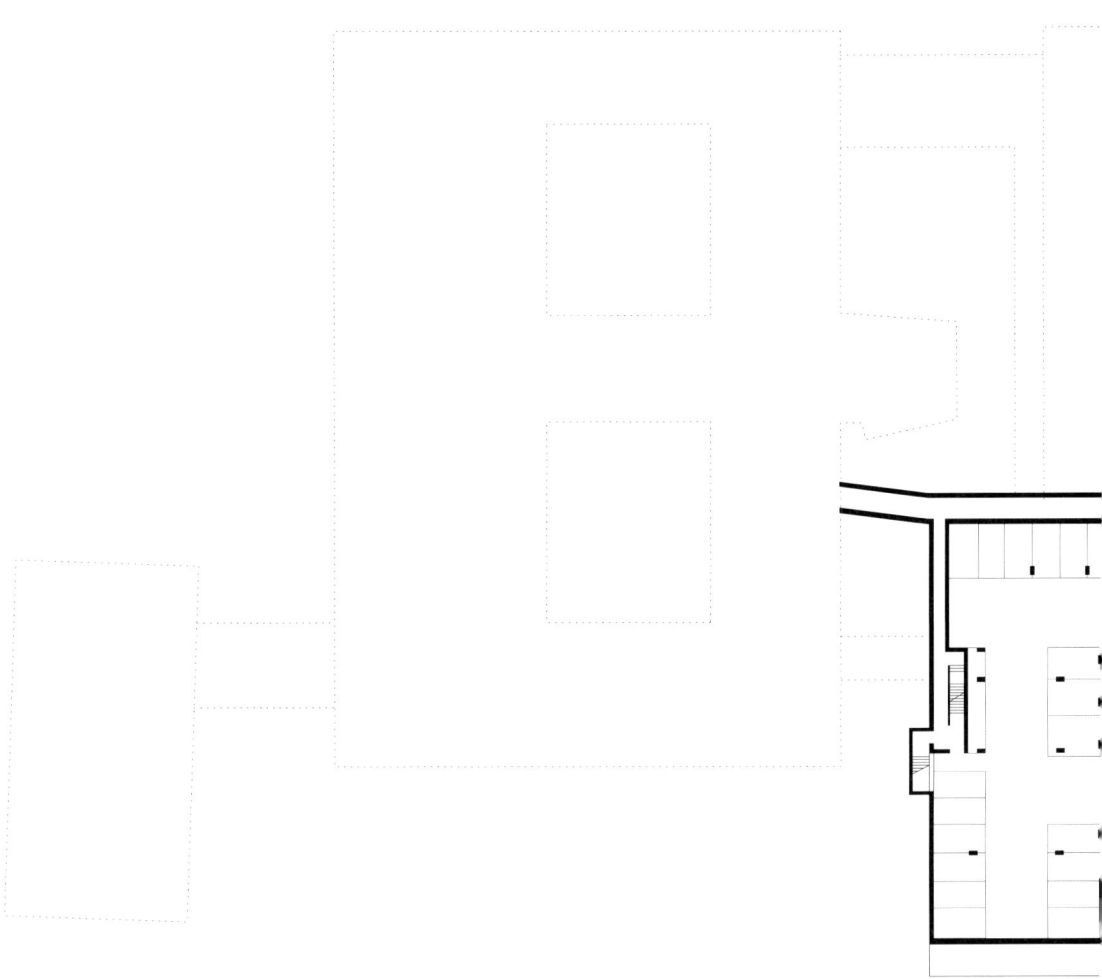

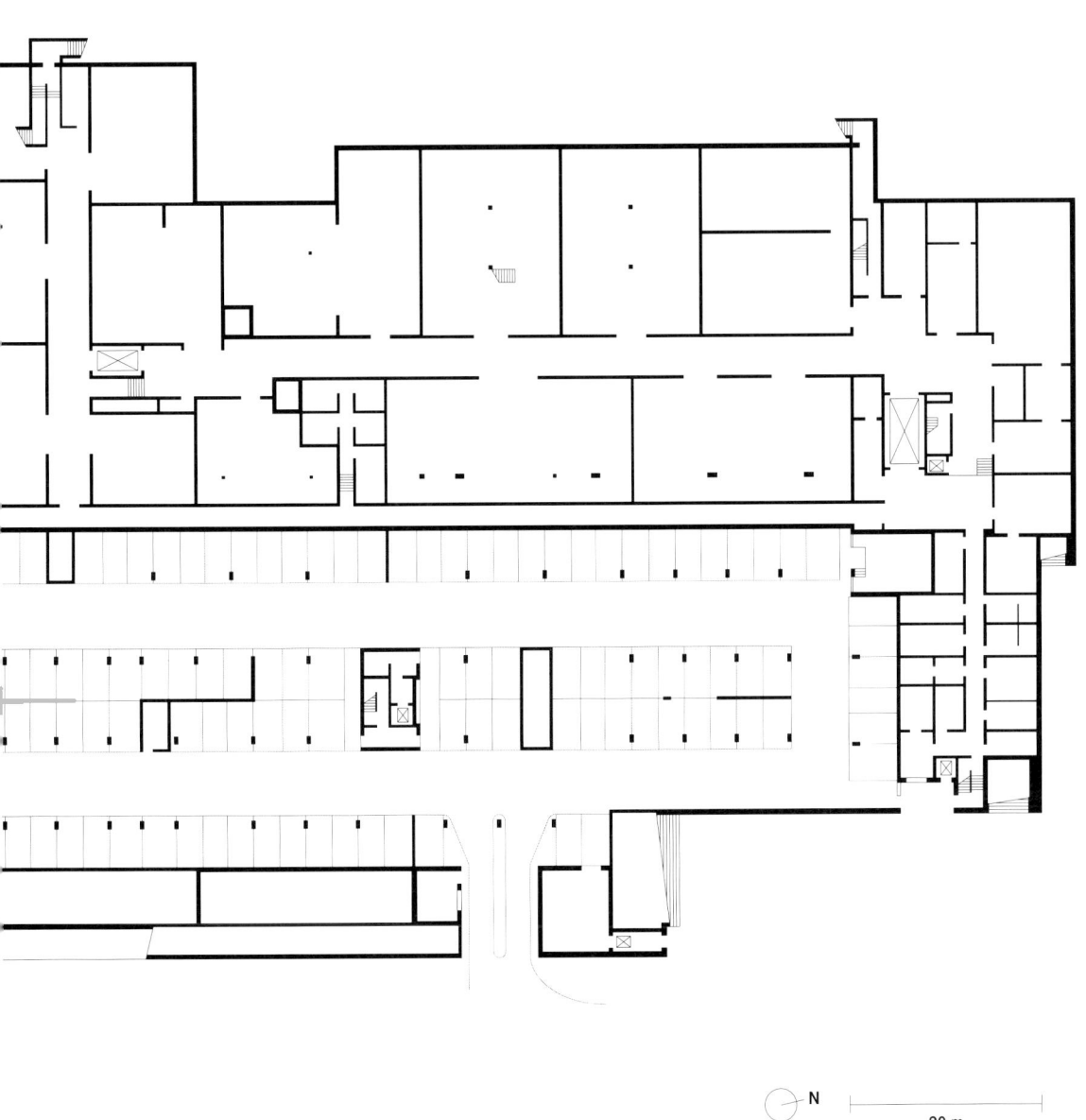

N ⊢————————⊣
20 m

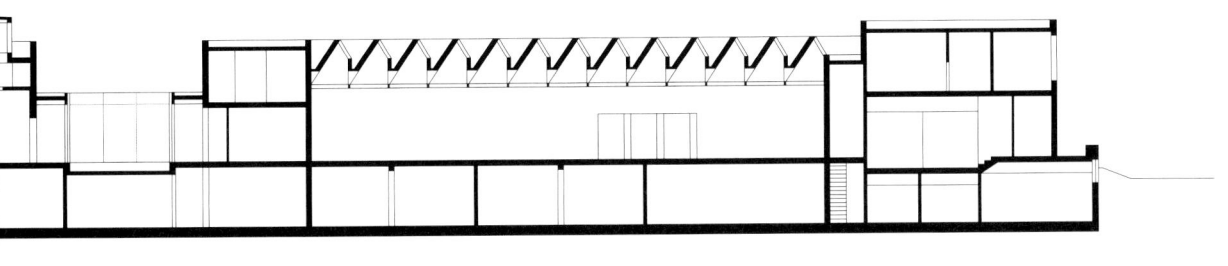

20 m

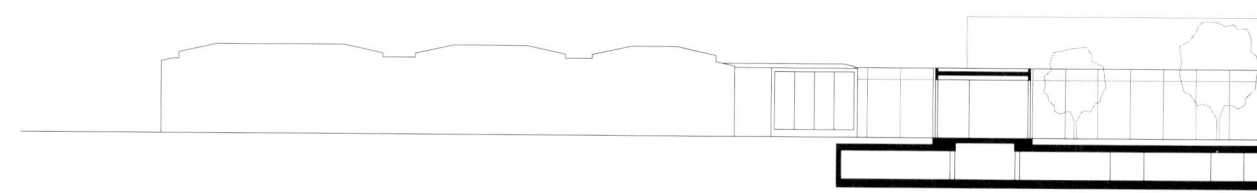

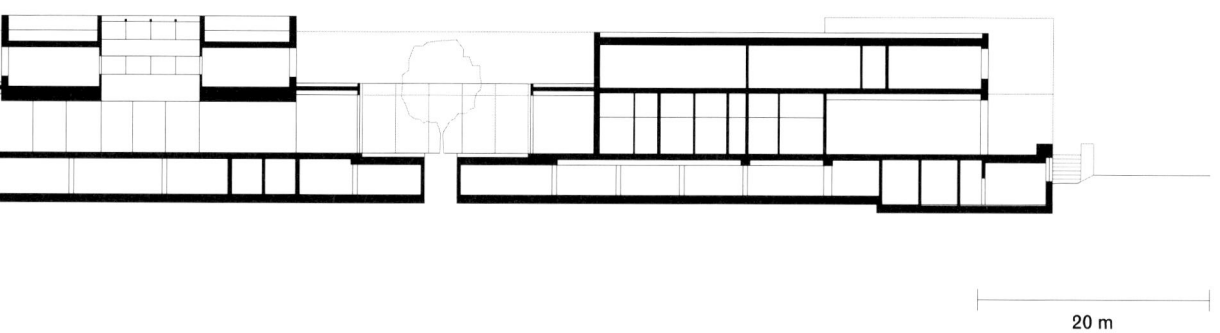

20 m

N

100 m

Klaus Wolff

Das Museum Folkwang als Bauwerk ist mit seiner Einbindung in die städtische Umgebung ein Teil dieser Stadt geworden. Es wird von den Essener Bürgerinnen und Bürgern nicht nur akzeptiert, sondern mit Stolz betrachtet und als herausragendes Gebäude präsentiert. Und herausragend präsentiert wird hier auch die Kunst. „Das wird der Kunst im Revier ihr neues Zuhause." So stand es in einer der großen Tageszeitungen vor der Eröffnung – und so ist es geschehen.

Gemeinsam mit meinem Team habe ich die Herausforderung gerne angenommen, in der Rekordzeit von zweieinhalb Jahren den Neubau des Museums wie auch die dazugehörige Sanierung des Altbaus auszuführen. Basis hierfür war eine bereits erprobte und vertrauensvolle Zusammenarbeit zwischen der Stadt Essen, der W+P Gesellschaft für Projektabwicklung mbH und der Alfried Krupp von Bohlen und Halbach-Stiftung. Gemeinsam hatten wir den Umbau der Philharmonie Essen vom ehemaligen Saalbau in einen philharmonischen Konzertsaal mit Erfolg realisiert.

Eine ebenso gut zu organisierende Aufgabenstellung war das Museumsprojekt. Um die rechtzeitige Fertigstellung bis zum Kulturhauptstadtjahr 2010 zu ermöglichen, wurde das Modell der privaten Gesellschaft Neubau Museum Folkwang Essen GmbH durch die WOLFF GRUPPE entwickelt. Diese Gesellschaft machte den Neubau des Museums in der vorgegebenen Zeit möglich.

Bereits an der Planung waren spezialisierte Architekten und Ingenieure intensiv beteiligt. Die Zusammenarbeit der Architekten von David Chipperfield Architects und der PLAN FORWARD GmbH wurde von dem Geist getragen, dieses herausragende Bauprojekt gemeinschaftlich zum Erfolg zu führen, mit heute sichtbar positivem Ergebnis. Und wenn ich von guter Zusammenarbeit spreche, so meine ich damit auch die Vertreter der Stadt Essen, des Museum Folkwang – mit großem Engagement voran Dr. Hartwig Fischer –, die Vertreter der Krupp-Stiftung und zu guter Letzt auch den Beirat mit Experten aus Politik, Kultur und Wirtschaft. Wir alle haben ein großes Ziel erreicht.

Ich erinnere mich noch gut an einen weiteren der vielen Pressetitel: „Unser Louvre heißt Folkwang." Das zeugt von Stolz und Identifikation. David Chipperfield hat mit diesem Entwurf seinen Anspruch auf den Punkt gebracht und dem Besucher den Raum gegeben, sich in der Kunst verlieren zu können. Meinem Team und mir war es eine Freude, dieses Projekt zu realisieren.

Klaus Wolff ist Geschäftsführer der WOLFF GRUPPE Holding GmbH und der Neubau Museum Folkwang Essen GmbH (NMFE).

Der Neubau

Simone Raskob und Oliver Scheytt

Ein Glücksfall der Essener Geschichte – das neue Museum Folkwang

Januar 2010

Ende Januar 2010 wurde der Neubau des Museum Folkwang eröffnet: ein wahrer Festmonat! Wenige Wochen zuvor, Anfang Januar, war im Rahmen der Eröffnungsfeierlichkeiten zur Kulturhauptstadt RUHR.2010 das Ruhr Museum eingeweiht worden. Damit erreichte die Erneuerung der Essener Museumslandschaft gleich zu Beginn des Kulturhauptstadtjahres einen ersten Höhepunkt. In dessen Verlauf sollten auch das Haus der Essener Geschichte und das Haus der Jüdischen Kultur (Alte Synagoge) neu gestaltet werden.

Während jedoch die Überlegungen und Diskussionen über die Zukunft des Ruhrlandmuseums, der Alten Synagoge und des Hauses der Essener Geschichte mehr als zehn Jahre zurückreichten, war die weitreichende Entscheidung für den Neubau des Museum Folkwang erst im Jahr 2006 gefallen. Die Voraussetzung dafür war jedoch der Umzug des Ruhrlandmuseums aus dem Gebäudekomplex des Museumszentrums an der Bismarckstraße in die Kohlenwäsche der Zeche Zollverein.

Das Museumszentrum bestand aus zwei Gebäuden, dem „Altbau" des Museum Folkwang aus den 1950er Jahren und einem jüngeren Bauteil aus den frühen 1980er Jahren, der vom Museum Folkwang und vom Ruhrlandmuseum gemeinsam genutzt wurde. Das Deutsche Plakat Museum, das bis 2002 in der Theaterpassage seinen Sitz hatte und dessen Sammlungen anschließend provisorisch im TRIPLE Z aufbewahrt und betreut wurden, konnte im Januar 2010 als Abteilung des Museum Folkwang im Neubau neu eröffnet werden. Mit eigenen Ausstellungs-, Werkstatt- und Depotflächen im Neubau des Museum Folk-

wang endete für das Deutsche Plakat Museum eine Jahre währende Irrfahrt.

Um diesen Glücksfall der Essener Geschichte verstehen zu können, bedarf es mehrerer Rückblenden und Erzählstränge:

- Die Idee zur Errichtung eines neuen Ruhr Museums (ehemals Ruhrlandmuseum) auf Zollverein ist in den letzten Jahren der *IBA Emscher Park* (1989–1999) entstanden; der Grundsatzbeschluss zur Verlagerung wurde im Jahr 2002 gefasst, der endgültige Beschluss im Jahr 2005/2006.
- Das Deutsche Plakat Museum wurde nach seinem Auszug aus der Theaterpassage auf dem Gelände des TRIPLE Z als Archiv ohne Ausstellungsräume geführt, weshalb ab 2006 die Absicht bestand, es in das Museum Folkwang zu integrieren, dem es seit seiner Gründung 1974 auch organisatorisch unterstellt war.
- Hinsichtlich des Museum Folkwang gab es in den Jahren 2005 und 2006 heftige Debatten über die Nutzung und Eignung des Bauteils, der durch den Umzug des Ruhrlandmuseums frei werden würde. Allerdings war absehbar, dass die Stadt Essen nicht über ausreichende Finanzmittel verfügen würde, um einen Neubau zu finanzieren. Es ging im Kern der Debatte um die Behebung von Brandschutzmängeln und eine notwendige Anpassung des Gebäudes an die Zwecke eines Kunstmuseums.

Für das Museum Folkwang als Institution ist folgender Gesichtspunkt konstitutiv: Es wird von der Stadt Essen und dem Folkwang-Museumsverein gemeinsam getragen, wobei sich die Stadt Essen in einem Vertrag von 1922 gegenüber dem Museumsverein verpflichtet hat, die Kosten für Personal, Gebäude und Unterhalt zu tragen. Hauptverantwortung des Vereins ist es, als gemeinschaftlicher Miteigentümer der Sammlung die Entwicklung des Museums gemeinsam mit der Stadt nach besten Kräften zu fördern.

Auch das Deutsche Plakat Museum wurde nicht von der Stadt Essen allein, sondern in Partnerschaft mit einem Verein, in diesem Fall dem Deutschen Plakat Forum e.V., getragen.

Während das Ruhrlandmuseum als städtisches Museum betrieben wurde, sollte das Ruhr Museum in eine völlig neue Trägerschaft überführt werden. Zu diesem Zweck erfolgte die Gründung einer unselbstständigen Stiftung Ruhr Museum innerhalb der Stiftung Zollverein, deren Stifter und Financiers – neben der Stadt Essen als Eigentümerin der Sammlung – das Land Nordrhein-Westfalen und der Landschaftsverband Rheinland werden sollten.

Sämtliche Beschlüsse zur Neugestaltung der Museumslandschaft standen unter dem Vorbehalt, dass die Stadt Essen aufgrund ihrer angespannten Finanzlage und der notwendigen Haushaltskonsolidierung erheblichen Restriktionen unterlag (und bis heute unterliegt). Die entsprechenden Vorgaben des Rates der Stadt Essen waren daher streng: So sollte etwa der Zuschuss zum Ruhr Museum auf Zollverein nicht höher ausfallen als der, den die Stadt Essen am bisherigen Standort aufzuwenden hatte. Auch für etwaige das notwendige Maß übersteigende Baumaßnahmen war kein Geld vorhanden. Schließlich ging es darum, das städtische Personal des Ruhrlandmuseums in die neugegründete Stiftung zu übernehmen.

Konzeptionell hatte die Museumsneuordnung folgende Gesichtspunkte zu berücksichtigen:

• Für das Museum Folkwang ging es darum, einen Museumsbau zu errichten, der modernsten Anforderungen an Ausstellungstechnik, Sicherheit und Klimatisierung genügen sollte. Die Wechselausstellungsflächen im alten Museumskomplex entsprachen nicht mehr den Anforderungen der Leihgeber, es gab keine ausreichenden Parkplätze in der näheren Umgebung und die städtebauliche Integration in den Stadtteil ließ zu wünschen übrig.

• Für das Deutsche Plakat Museum ging es darum, angemessene Ausstellungsflächen zu schaffen, optimale Depots und eine eigene Restaurierungswerkstatt unterzubringen und ein Wechselspiel zwischen Plakat, Grafik, Fotografie und den anderen bildenden Künsten zu ermöglichen.

• Für das Ruhr Museum bestand die Aufgabe darin, die Geschichte des Ruhrgebiets in Gestalt der Integration von Sozial-, Kultur-, und Naturgeschichte auf neue Weise zu erzählen. Damit sollte dem Ruhrgebiet ein Ort des „zentralen Gedächtnisses" gegeben werden.

Die Idee zum Ruhr Museum war, wie schon erwähnt, bereits in den Schlussjahren der *IBA Emscher Park* entstanden. Es sollte sich aus dem Ruhrlandmuseum entwickeln, das sich in der Trägerschaft der Stadt Essen befand und im Laufe von rund einhundert Jahren vielfältige Bestände zur Geschichte des Ruhrgebiets aufgebaut hatte, darunter eine geologische Sammlung, das größte regionalgeschichtliche Fotoarchiv der Bundesrepublik, sozialhistorische Objekte etc. Angesichts dieser Vielgestaltigkeit der Sammlungen galt es, ein völlig neues Museum zu konzipieren, das die verschiedenen „klassischen Abteilungen" eines Geschichtsmuseums miteinander verschränken sollte. Sowohl diese konzeptionellen Arbeiten als auch die Herausforderung, eine zusätzliche umfassende Finanzierung und neue Trägerschaft sicherzustellen, beanspruchte mehrere Jahre. Der Rat der Stadt Essen hatte im Juni 2002 den Grundsatzbeschluss gefällt, sich an der Errichtung eines Ruhr Museums auf dem Gelände von Zollverein zu beteiligen, unter bestimmten Voraussetzungen die Sammlung des Ruhrlandmuseums in das Ruhr Museum einzubringen und in eine neue Trägerschaft (beide Stiftung Zollverein) zu überführen sowie ihre bisherigen Aufwendungen für das Ruhrlandmuseum dauerhaft zum Betrieb des Ruhr Museums beizusteuern.

Im selben Monat hatten Feuerwehr und Bauordnung im Rahmen der turnusmäßigen Brandschau am Standort des Museumszentrums erhebliche Sicherheitsmängel in dem Bauteil aus den 1980er Jahren festgestellt, in dem Dauer- und Wechselausstellungsräume, eine Gastronomie sowie die Direktion von Ruhrlandmuseum und Museum Folkwang untergebracht waren. Daraufhin investierte die Stadt Essen zur Aufrechterhaltung des Museumsbetriebs 600.000 Euro als Notprogramm. Für 2005 wurden weitere 2,2 Millionen Euro für notwendige Brandschutzmaßnahmen etatisiert. Der TÜV Nord duldete vor dem Hintergrund der Debatte über die Verlagerung des Ruhrlandmuseums nach Zollverein einen Weiterbetrieb bis Juni 2006, wobei diese Frist später noch um ein Jahr verlängert wurde.

Pläne für einen Folkwang-Neubau

All diese Entwicklungen führten zu der Notwendigkeit, ein Raumprogramm für die Nutzung des bisherigen Gebäudekomplexes durch das Museum Folkwang und gegebenenfalls auch das Deutsche Plakat Museum zu erarbeiten. An der Planung dieses Programms wirkte Professor Dieter Bogner aus Wien als externer Berater mit. Die Arbeit wurde im Sommer 2005 aufgenommen. Seit 2003 stand das Museum Folkwang unter der Leitung von Professor Hubertus Gaßner, der jedoch Anfang 2006 die Leitung der Hamburger Kunsthalle übernahm. Im Februar 2006 trat Dr. Hartwig Fischer seine Nachfolge in Essen an. Seine Wahl war bereits im September 2005 erfolgt. Er wirkte deshalb schon in der Vorbereitung der Beratungen im Beurteilungsgremium zur Machbarkeitsstudie mit.

Im November 2005 wurde dem Rat der Stadt Essen ein umfassender Sachstandsbericht zur Zukunft der Museen in Essen vorgelegt, in den auch die Ergebnisse dieser Planungsarbeiten eingeflossen waren. Dieser Bericht diente zugleich als Grundlage für den Beschluss des Bauausschusses, vier Architekturbüros zu beauftragen, die Möglichkeiten für eine Sanierung des Bauteils aus den 1980er Jahren in verschiedenen Varianten zu ermitteln. Diese Machbarkeitsstudien wurden bei den Planungsbüros Gigon und Guyer (Zürich), Winfried Brenne Architekten (Berlin) sowie den Architekten Klapp/Brüning und Allerkamp/Stecher (beide Essen) in Auftrag gegeben. Schon in diesem frühen Stadium beteiligte die Stadt die W+P Gesellschaft für Projektabwicklung, ein Unternehmen der Wolff Gruppe, deren Inhaber Klaus Wolff sich in den vorausgegangenen Jahren, namentlich beim Bau der Philharmonie, das Vertrauen der Stadt als professioneller, leistungsstarker Projektsteuerer erworben hatte und nun die Ergebnisse unter Kostengesichtspunkten bewerten sollte.

Die folgenden drei Varianten wurden untersucht:
• Variante 0: Bis auf Weiteres keine museale Nutzung des Gebäudes aus den 1980er Jahren mit dem Ruhrlandmuseum und Teilen des Museum Folkwang.
• Variante 1: Umbau des Gebäudekomplexes und Behebung der umfangreichen Sicherheitsmängel sowie Neukonzeption der haustechnischen Anlagen unter Berücksichtigung musealer und sicherheitstechnischer Anforderungen (Kernsanierung).

• Variante 2: Abbruch des Gebäudes aus den 1980er Jahren und Errichtung eines Neubaus unter Berücksichtigung des Anforderungsprofils des Museum Folkwang und der städtebaulichen Zielsetzung. Bei dieser Variante sollten optional auch Flächen für das Deutsche Plakat Museum ausgewiesen werden.

Nachdem das Architekturbüro Gigon und Guyer den Auftrag abgelehnt hatte, stellten im Mai 2006 drei Architekturbüros ihre Ergebnisse einem Beurteilungsgremium aus Vertretern des Rates der Stadt, des Museums, der Immobilienwirtschaft und des Folkwang-Museumsvereins vor.

Zusammengefasst kamen die Büros zu folgenden Erkenntnissen:
• Für die Variante 0 wurde – in dieser Höhe für manche Beteiligten auf städtischer Seite überraschend – ein Kostenvolumen von 20 Millionen Euro als erforderlich erachtet, da das Gebäude bei seiner Stilllegung von sämtlichen anderen Räumlichkeiten hätte abgetrennt werden müssen, was erhebliche technische Anpassungen mit einem großen Investitionsvolumen notwendig gemacht hätte.
• Die Variante 1 (Umbau) wurde mit rund 46 Millionen Euro bewertet.
• Die Variante 2 (Neubau inklusive Deutsches Plakat Museum) wurde mit 53 Millionen Euro zuzüglich 4 Millionen Euro für eine Tiefgarage beziffert.

Angesichts der mit einem Neubau verbundenen Chancen und der im Verhältnis zu einem Umbau (Variante 1) relativ geringen Mehrkosten hatte sich das Beurteilungsgremium grundsätzlich für die Variante 2 ausgesprochen und empfohlen, fünf international renommierte Planungsbüros mit der Weiterentwicklung der Idee eines Neubaus zu beauftragen. Das Votum für diese Empfehlung fiel vor dem Hintergrund der kurz vorher (im April 2006) getroffenen Entscheidung der Europäischen Union, im Jahr 2010 Essen und dem Ruhrgebiet den Titel der Kulturhauptstadt Europas zuzuerkennen. Es bestand in der Stadt daher der Wunsch, noch zum Kulturhauptstadtjahr 2010 einen Neubau zu realisieren, was nach damaligen Erkenntnissen die Ausschreibung eines europaweiten Architekturwettbewerbs ausschloss.

Am 21. Juni 2006 fand eine entscheidende Ratssitzung statt: Aufgrund der angespannten städtischen Finanzlage wurde die Empfehlung des Beurteilungsgremiums aus dem

Vormonat nicht angenommen. Die Verwaltungsspitze hatte zuvor entschieden, dem Rat lediglich einen Beschlussvorschlag zu unterbreiten, demgemäß die Variante 0 stadtintern weiterzuverfolgen sei – zumal es Stimmen in der Verwaltung gab, die behaupteten, die Variante 0 würde nicht 20 Millionen Euro, sondern lediglich 2,2 Millionen Euro erfordern. In der Anlage zur Ratsdrucksache wurde zwar ein Mittelbedarf von bis zu 20 Millionen Euro genannt, doch gab es angesichts der auch von den Ratsfraktionen geäußerten Zweifel, die sich wiederum auf Stimmen in der Verwaltung beriefen, den Wunsch, zunächst die „Sparvariante" in den Blick zu nehmen und zu konkretisieren. Über die Sommerpause sollte hierzu ein entsprechender Vorschlag erarbeitet werden.

Aufgrund dieser Beschlüsse im Rat der Stadt und der damit verbundenen öffentlichen Debatte war die Zukunft eines Neubaus für das Museum Folkwang und das Deutsche Plakat Museum in weite Ferne gerückt. Es drohte zudem ein Leerstand des Gebäudeteils aus den 1980er Jahren im Kulturhauptstadtjahr und eine Reduktion der Räumlichkeiten des Museum Folkwang auf die bauliche Situation von 1960, was nicht nur einen Verlust von 6.500 qm Ausstellungsfläche bedeutet hätte, sondern auch ein schwerer Schaden für den Museumsbetrieb gewesen wäre – schließlich hatte das Museum bereits mit den Planungen für mehrere große Sonderausstellungen im Kulturhauptstadtjahr begonnen, für die bereits außerordentliche Förderzusagen der E.ON Ruhrgas und der RWE AG gewährt worden waren.

In der Sommerpause wurde über diese Entwicklung in der lokalen Presse eine heftige Debatte geführt, die sich zum Teil auch in der regionalen Berichterstattung niederschlug. Diese Debatte verfolgte der Vorstandsvorsitzende der Alfried Krupp von Bohlen und Halbach-Stiftung, Herr Professor Beitz, genau. Am 24. August 2006 berief er eine Pressekonferenz ein und gab bekannt, dass das Kuratorium der Stiftung entschieden habe, als alleinige Förderin einen Neubau des Museum Folkwang zu finanzieren. An diese Entscheidung waren vier Bedingungen geknüpft:
· Der Neubau sollte zum Kulturhauptstadtjahr fertig gestellt sein.
· Er sollte von herausragender architektonischer Qualität sein.
· Für seine Errichtung sei ein Kostenrahmen von 55 Millionen Euro einzuhalten.

· Die Stadt Essen habe auf Dauer die Folgekosten des neuen Museum Folkwang zu tragen und eine Rücklage für seine Instandhaltung zu bilden.

Die Herausforderung des Neubaus

So einzigartig dieses Geschenk war, so groß waren die Herausforderungen, die aus jeder dieser vier Bedingungen resultierten. Zum Zeitpunkt der Förderentscheidung stand der Gebäudekomplex des Ruhrlandmuseums noch, mitsamt seiner Ausstattung und seinen Sammlungen. Das Depot des Ruhrlandmuseums umfasste zu diesem Zeitpunkt bereits mehr als eine Million Objekte, die größtenteils in diesem Gebäude untergebracht waren. Und genau an dieser Stelle sollte bereits Ende 2009 ein vollständig neues Museumsgebäude stehen! Das Ruhr Museum auf Zollverein war baulich längst noch nicht fertig, so dass es keine Möglichkeit für einen „einfachen Umzug" gab. In der verbleibenden Zeit bis Ende 2009 mussten daher nicht nur die Bauplanung und die Bauarbeiten, sondern auch der Auszug des Ruhrlandmuseums bewältigt werden. Es hat in der Geschichte der Bundesrepublik keinen vergleichbaren Museumsneubau gegeben, der in derart kurzer Bauzeit realisiert werden sollte!

Der Kostenrahmen von 55 Millionen Euro war aufgrund der Machbarkeitsstudie festgelegt worden und war im Verhältnis zu dem bis dahin erarbeiteten Raumprogramm knapp kalkuliert. Die der Stadt Essen gestellte Bedingung, die Folgekosten zu tragen, war angesichts der angespannten Haushaltslage und der bereits absehbaren Verpflichtung der Stadt, sich finanziell an dem neuen Ruhr Museum auf Zollverein zu beteiligen, eine besondere Herausforderung – zumal im politischen Raum hinter verschlossenen Türen sofort eine Diskussion darüber begann, wie die Folgekosten für ein noch nicht existierendes Gebäude abzuschätzen seien. Die Maßgabe, ein Museumsgebäude von herausragender architektonischer Qualität zu realisieren, machte einen internationalen Architektenwettbewerb erforderlich. Allen Beteiligten war klar, dass nur so die einmalige Chance, auch baukünstlerisch und städtebaulich einen neuen Akzent zu setzen, genutzt werden konnte.

Nun galt es, für den Wettbewerb Architekten zu wählen, die in der Lage sein würden, diesen Anforderungen gerecht zu werden. Im Kulturdezernat und im Baudezernat waren Erfahrungen mit drei Büros gesammelt worden, denen die

Aufgabe, zügig einen Wettbewerb durchzuführen, zuzutrauen war: Die W+P Gesellschaft für Projektsteuerung von Klaus Wolff war der Stadt mit ihren außerordentlichen Qualitäten und Fähigkeiten bereits vom Bau der Philharmonie her bekannt. Sie hatte, wie erwähnt, schon die vorangegangenen architektonischen Machbarkeitsstudien betreut, zu denen die Stadt außerdem das Büro des Museumsfachmanns Dieter Bogner aus Wien hinzugezogen hatte. Das auf die Durchführung internationaler Wettbewerbe spezialisierte Büro phase eins aus Berlin hatte an dem Wettbewerb für das ThyssenKrupp Quartier und das neue Headquarter des Konzerns mitgewirkt und war der Alfried Krupp von Bohlen und Halbach-Stiftung von daher vertraut.

In der Regel erfordert die Durchführung eines solchen Wettbewerbs sieben bis neun Monate. Die Ausschreibung für den europaweiten, begrenzten Wettbewerb mit einem vorgeschalteten Teilnahmewettbewerb erfolgte bereits am 19. September 2006, die ersten Ergebnisse des Preisgerichts lagen im Februar 2007 vor, nach nur fünf Monaten. Alle Möglichkeiten zur Beschleunigung wurden genutzt: Die Ausschreibung erfolgte bereits vor der eigentlichen Ratsentscheidung am 27. September 2006; sie war mit den Fraktionsvorsitzenden abgestimmt worden. Die Mittel für das Wettbewerbsverfahren finanzierte die Stadt vor, obwohl zu diesem Zeitpunkt noch nicht endgültig geklärt war, ob sie überhaupt als Bauherr fungieren würde und wie das bauliche und finanzielle Realisierungsmodell genau aussehen sollte. Die Auslobungsunterlagen konnten aufgrund der Machbarkeitsstudie und des bereits durchformulierten Raumprogramms in kürzester Zeit erstellt werden. Auf die internationale Ausschreibung antworteten über hundert Architekturbüros, von denen neun ausgewählt wurden. Weitere drei Büros wurden gesetzt: SANAA Architekten (Tokio), David Adjaye (London) sowie Gigon und Guyer Architekten (Zürich). Bereits am 7. November 2006 erhielten die zwölf Teilnehmer die Ausschreibungstexte, die Informationen und Arbeitspläne. Einen Monat später (am 7. und 8. Dezember) fanden in den Räumen des Museum Folkwang ganztägige Teilnehmerkolloquien statt. Die Entwurfspläne wurden am 23. Januar 2007 abgegeben, die zugehörigen Modelle am 30. desselben Monats. Das Preisgericht traf sich am 13. Februar 2007 unter dem Vorsitz von Prof. Eckard Gerber (Dortmund) und empfahl die Entwürfe der Architekten David Chipperfield (London/Berlin) und David Adjaye (London) für eine weitere Überarbeitung.

Dass der Rat der Stadt Essen am 28. Februar 2007 der Empfehlung des Preisgerichts für den Neubau des Museum Folkwang (einschließlich des Deutschen Plakat Museums) zustimmte und dabei die endgültige Entscheidung zwischen den im Wettbewerb verbliebenen Entwürfen von Chipperfield und Adjaye der Jury und der Stiftung überließ, muss als historische Besonderheit gelten. Andernfalls hätte die Zustimmung des Rates erst in der Sitzung nach den Osterferien oder in einer eigens dafür einzuberufenden Sondersitzung erfolgen können. So wurde mehr als ein Monat gewonnen, da die zweite Preisgerichtssitzung bereits am 13. März 2007 mit einem eindeutigen Votum für die Arbeit von David Chipperfield Architects den Weg für den Beginn der Bauarbeiten bereitete. Im Anschluss an diese Preisgerichtssitzung schloss sich Professor Beitz der Empfehlung an und entschied im Namen der Alfried Krupp von Bohlen und Halbach-Stiftung, dass der Entwurf von David Chipperfield zur Ausführung kommen sollte.

Die Beurteilung des Preisgerichts soll hier kurz zitiert werden: „Das Preisgericht würdigt die Selbstverständlichkeit der städtebaulichen Einfügung des Neubaus in den bestehenden Kontext, dabei gelingt es dem Entwurf in hervorragender Form, den Altbau (Bauteil A) wie einen passgenauen Schlussstein in das Ensemble zu integrieren und geschickt anzuschließen. (…) Als besondere Qualität wird die Lage und Gestaltung des prägnanten Einganges an der Bismarckstraße anerkannt, der nach dem Eintreten spannende Blickbeziehungen auf den Altbau und in den westlichen Park ermöglicht. (…) wird insbesondere die Vielfalt im Raumangebot für die Ausstellungen als wertvoller Beitrag gesehen, die ein Wechselspiel von Höfen bzw. Gärten und Ausstellungsflächen mit einer fließenden Raumfolge schafft. Die Orientierung und Auffindbarkeit wird durch die klare Wegeführung sehr gut unterstützt. Insgesamt wird der Entwurf als herausragender städtebaulicher und architektonischer Beitrag eingestuft, der vergleichsweise geringe Betriebskosten erwarten lässt. Die opake Verkleidung aus Glaskeramik ist eine überzeugende Fassadengestaltung im Zusammenspiel von Alt- und Neubau."

Die Realisierung des Neubaus

Innerhalb der Verwaltung wurde eine Lenkungsgruppe unter Vorsitz von Baudezernentin Simone Raskob gebildet. Ihre Mitglieder waren Klaus Wolff, Oliver Scheytt (bis 30.04.2009), Hartwig Fischer, Christian Kromberg, Uwe Gummersbach, Rüdiger Kersten, Stephanie Frevel, Andreas Bomheuer (ab 01.01.2010), Uwe Theisen (ab 01.01.2010) sowie Lucia Siekmann und Meik Bellenbaum seitens der W+P. Die Lenkungsgruppe hatte sich nicht nur mit dem Neubau zu befassen, sondern auch mit der interimistischen Unterbringung der in den Depots gelagerten Sammlungen des Museum Folkwang und des Ruhrlandmuseums. Bereits im Februar 2007 sollte die Räumung des Gebäudes beginnen. Sowohl unter konservatorischen als auch unter Kostengesichtspunkten musste für sämtliche Sammlungen eine optimale Lösung gefunden werden – eine Aufgabe, die alle Beteiligten, insbesondere die Mitarbeiterinnen und Mitarbeiter der beiden Museen, vor große logistische Herausforderungen stellte. Es sei daran erinnert, dass die Direktorien und die Verwaltung ebenfalls in dem abzureißenden Gebäudekomplex untergebracht waren. Auch hierfür galt es zügig Ersatzlösungen zu schaffen, zumal das Museum Folkwang im Altbau weiterbetrieben werden sollte. Parallel dazu musste seitens des Kulturdezernats für das Ruhr Museum die Überführung in die neue Trägerschaft weiter vorangetrieben werden. Immerhin galt es, einen großen Personalbestand an einen Träger mit anderer Rechtsform zu übergeben. Und *last but not least* hatte das Kulturdezernat ab Mitte 2006 eine Trägerstruktur für die Kulturhauptstadt 2010 aufzubauen: Die RUHR.2010 GmbH wurde Ende desselben Jahres gegründet und nahm Anfang 2007 ihre Arbeit auf. Parallel dazu trieben das Baudezernat und das Kulturdezernat gemeinsam die Planungen für den Neubau des Hauses der Essener Geschichte (die Grundsatzentscheidung fiel im April 2007) sowie den Umbau der Alten Synagoge zum Haus der jüdischen Kultur (im Februar 2008) voran.

Bereits in der Ratssitzung vom 27. September 2006 hatte der Rat der Stadt Essen die ersten Ausführungen zur Realisierung des Neubaus des Museum Folkwang zur Kenntnis genommen. Zu diesem Zeitpunkt wurden allerdings noch zwei unterschiedliche Realisierungsvarianten diskutiert und geprüft:

- Die Stadt ist Bauherrin des Neubaus und die Alfried Krupp von Bohlen und Halbach-Stiftung stellt der Stadt das Geld in Form einer Spende zur Verfügung.
- Die städtische Tochtergesellschaft Grundstücksverwaltung Stadt Essen GmbH (GVE) baut das Gebäude und erhält die Stiftungsmittel.

Es stellte sich allerdings heraus, dass beide Varianten keine termingerechte Fertigstellung erlauben würden. Deshalb musste es letztlich darum gehen, einen Bauherrn zu finden, der aus einer Hand den gesamten Neubau erstellen würde. Die Lösung bestand darin, das Grundstück für den Neubau zeitlich befristet einer Projektgesellschaft zur Verfügung zu stellen, die ihrerseits die Bauherrenfunktion übernehmen sollte.

In seiner Sitzung vom 29. November 2006 nahm der Rat der Stadt Essen das Realisierungsmodell für den Neubau des Museum Folkwang zur Kenntnis. Er stimmte dem Abschluss eines Museumsgrundvertrages zu, der Folgendes festschrieb: Die Stadt Essen überträgt das betreffende Grundstück zeitlich befristet der von der Wolff Gruppe zu diesem Zweck gegründeten Neubau Museum Folkwang Essen GmbH (NMFE). Die NMFE wird als Bauherrin von der Alfried Krupp von Bohlen und Halbach-Stiftung mit dem Neubau beauftragt, die ihr dafür die Stiftungssumme in Höhe von 55 Millionen Euro (brutto) vollständig zur Verfügung stellt. Somit trägt die NMFE die gesamten Kosten für die Realisierung.

Als eine entscheidende Etappe stellte sich die Räumung des zum Abriss vorgesehenen Gebäudekomplexes heraus. Wenn diese Räumung nicht bis Juli 2007 durchgeführt worden wäre, hätte der Fertigstellungstermin – zum Kulturhauptstadtjahr 2010 – nicht eingehalten werden können. Innerhalb eines halben Jahres musste daher eine Lösung für sämtliche Depots und die Unterbringung von Direktion und Verwaltung von zwei Museen gefunden, eine komplette Umzugsplanung erstellt und der Umzug durchgeführt werden.

Tatsächlich konnten im August 2007 die Abrissarbeiten beginnen, so dass für die Bauarbeiten maximal 24 Monate zur Verfügung standen (bis Ende 2009) – ein äußerst knapp bemessener Zeitraum.

Beim weiteren Durcharbeiten der Pläne stellte sich heraus, dass mit dem fixierten Budget von 55 Millionen Euro ein Element, nämlich die Tiefgarage (rund 7 Millionen

Euro), nicht finanzierbar war. Im Mai 2007 wurde dafür dem Rat der Stadt Essen eine Lösung vorgelegt: Mit den Einnahmen aus Pachtverträgen für die Museumsgastronomie, die Museumsbuchhandlung und die Tiefgarage (circa 250.000 Euro pro Jahr) sollte die Finanzierung der Tiefgarage gelingen. Ein weiteres wesentliches Element für die Finanzierung der technischen Gebäudeausstattung war ein Energiecontracting, durch das der Bau und die Unterhaltung von haustechnischen Anlagen finanziell sichergestellt werden konnten.

Im Zuge der weiteren Planung der haustechnischen Anlagen ergab sich allerdings ein gravierendes Problem: Die beiden von Chipperfield geplanten gläsernen Übergänge zum Altbau würden bei Beibehaltung der bisherigen Anlagen zu erheblichen Diskrepanzen zwischen Alt- und Neubau führen. Das raumklimatische Konzept des Altbaus im Ausstellungsbereich (Quelllüftung) führte zu starken Temperatur- und Klimaunterschieden, die je nach Jahreszeit mehr als 5 Grad Celsius betragen konnten. Diese – so wurde festgestellt – würden nicht nur das Befinden der Besucher beeinträchtigen (Klimabruch beim Übergang vom Neubau zum Altbau), sondern auch die Einhaltung der für Kunstwerke erforderlichen konservatorischen Standards erschweren oder sogar unmöglich machen. Die international anerkannten und festgelegten Klimawerte für Ausstellungsräume eines Museums betragen 20 Grad Celsius (+/- 2 Grad) bei einer relativen Luftfeuchtigkeit von 50 Prozent (+/- 5 Prozent). Diese Werte würden sich mit der im Altbau vorhandenen Anlage nicht einhalten lassen. Letztlich zielte die erforderliche Anpassung darauf ab, für den gesamten Museumskomplex ein einheitliches, optimales Klima zu schaffen, das durch eine energieeffizientere Anlage zugleich die laufenden Betriebskosten reduzieren sollte.

Dies führte dazu, dass der Rat der Stadt Essen im November 2008 auch die klima- und sicherheitstechnische Modernisierung des Altbaus mit einem Gesamtkostenvolumen in Höhe von 8,33 Millionen Euro (brutto) beschloss. Der städtische Anteil an den Gesamtkosten betrug 2,565 Millionen Euro. Der Folkwang-Museumsverein finanzierte 1,6 Millionen Euro, während der Energiecontracting-Vertrag zu einer Refinanzierung von 2,856 Millionen Euro führte. Die Wolff Gruppe spendete rund 600.000 Euro und aus dem Baubudget des Neubaus wurden rund 710.000 Euro bereitgestellt. Für den laufenden Bauprozess war

Ende November 2008 der spätest mögliche Zeitpunkt, um die Klima- und Sicherheitstechnik in beiden Gebäudeteilen einheitlich zu installieren. Ohne eine Entscheidung Ende 2008 wäre der gesamte Bauprozess ins Stocken geraten, zumindest aber hätte der Altbau nicht im Kulturhauptstadtjahr wiedereröffnet werden können. Zudem wäre eine Schließung des Altbaus nach der Eröffnung des Neubaus notwendig geworden.

Ein weiteres Jahr später, im November 2009, beeinflusste ein zweites wesentliches Ereignis den Bauablauf erheblich. Es bot sich die Chance, drei ursprünglich als Oberlichtsäle konzipierte Ausstellungsräume im Altbau, die in den 1990er Jahren baulich verändert worden waren, wiederherzustellen und dadurch die wesentlich bessere Beleuchtung mit Tageslicht zurückzugewinnen, die zudem der Lichtsituation in den übrigen Ausstellungsräumen des Altbaus und derjenigen des im Bau befindlichen Neubaus entsprach. Durch eine weitere Spende der Alfried Krupp von Bohlen und Halbach-Stiftung von 500.000 Euro und Mittel des Folkwang-Museumsvereins in Höhe von insgesamt 1,6 Millionen Euro konnte diese zusätzliche Baumaßnahme in Angriff genommen werden, nachdem die Wolff Gruppe erklärt hatte, sie würde ihre Planungsleistungen auch für dieses Vorhaben kostenneutral erbringen. Die Maßnahme wurde im Winter 2009 und Frühjahr 2010 umgesetzt, so dass bei der Wiedereröffnung des Altbaus diese Räume eine völlig neue Qualität besaßen.

Insgesamt ist festzuhalten, dass die Bauaufgabe bei einer zur Verfügung stehenden Bauzeit von knapp zwei Jahren durch die weiteren Maßnahmen erheblich erweitert wurde. Deshalb musste im Ergebnis auch eine höhere Summe für das neue Museum Folkwang eingesetzt werden als die 55 Millionen Euro der Alfried Krupp von Bohlen und Halbach-Stiftung. Letztere beteiligte sich zudem an den Kosten für die weiteren Maßnahmen, in deren Folge im Untergeschoss des gleichen Gebäudes weitere Ausstellungsflächen (ca. 800 qm) geschaffen werden konnten, die insbesondere für die Sammlungen alter und außereuropäischer Kunst zusätzliche Ausstellungsmöglichkeiten bieten.

Am 31. Oktober 2009 konnte der Neubau des Museum Folkwang fristgerecht von der Stadt in Gebrauch genommen und für die Eröffnung des Museum Folkwang Ende Januar 2010 vorbereitet werden.

Der Betrieb des neuen Museums

Die vierte Bedingung der Alfried Krupp von Bohlen und Halbach-Stiftung war, dass die Stadt Essen die Betriebskosten und das Facility Management übernehmen und eine Instandhaltungsrücklage bilden würde. Diese Bedingung hat den Rat der Stadt Essen seit 2008 immer wieder beschäftigt.

Im November 2008 holte der Rat der Stadt Informationen über Gebäudebetriebskosten sowie über Personal- und Sachkosten ein. Durch die insgesamt gestiegene Gebäudekubatur würde der Bruttorauminhalt auf 159.000 m³ (früher 99.000 m³) anwachsen. Damit war klar, dass die Gebäudebetriebskosten von rund 1,9 Millionen Euro brutto auf 2,2 Millionen brutto ansteigen würden. Zunächst waren die Beteiligten im Museum und im Kulturdezernat noch davon ausgegangen, dass die Personal- und Sachkosten für das Museum Folkwang einschließlich des Deutschen Plakat Museums rund 4 Millionen Euro betragen würden, sich also im Wesentlichen auf der Höhe des Jahres 2007 bewegen könnten. Hinzugerechnet werden mussten allerdings noch Aufwendungen für das Aufsichts-, Garderoben- und Kassenpersonal in Höhe von rund 2 Millionen Euro, die außerhalb des Kulturbudgets veranschlagt waren. Es sollte sich später herausstellen, dass die veranschlagten Personal- und Sachkosten in dieser Höhe nicht ausreichend sein würden, zumal im Jahr 2007 zum einen noch das Ruhrlandmuseum und das Museum Folkwang im Betrieb zusammengelegt waren und zum anderen die Neupositionierung des Museum Folkwang auch in den Bereichen Vermittlung, Marketing, Sponsoring und Öffentlichkeitsarbeit einen der Aufgabe angemessenen, etwas erhöhten Personalbestand erforderte. Auch hier hat die Alfried Krupp von Bohlen und Halbach-Stiftung durch eine Spende in Höhe von einer Million Euro, die auf maximal fünf Jahre verteilt wurde, entscheidend dazu beigetragen, dass eine personelle Erweiterung finanziert werden konnte. Weitere Spender und Stifter haben darüber hinaus einzelne Personalstellen finanziert. Während der Geist des Museumsvertrages aus dem Jahre 1922 noch davon ausging, dass die Stadt Essen die gesamten Gebäude- und Personalkosten tragen würde, hat der Folkwang-Museumsverein auch in diesem Bereich einen bedeutenden finanziellen Beitrag geleistet.

Über die Kosten für das sogenannte Facility Management hat der Rat der Stadt im Sommer 2009 entsprechende Beschlüsse gefasst: Mit einem Gesamtvolumen von 4,85 Millionen Euro (brutto) pro Jahr wurde die NMFE GmbH betraut, zunächst auf zwei Jahre befristet. Die wesentliche Begründung dafür war, dass die Schnittstelle zwischen Betrieb, Instandhaltung und Gewährleistungsmanagement von dem Zeitpunkt an sichergestellt werden musste, zu dem das Museum in Gebrauch genommen wurde (November 2009), zumal das gesamte Kulturhauptstadtprogramm des Museums mit drei großen Ausstellungen bereits vollständig durchorganisiert war. Die NMFE GmbH hat die entsprechenden Mittel treuhänderisch im Namen und für Rechnung der Stadt verausgabt.

Die Instandsetzungsrücklage, die in Erfüllung der Rahmenbedingungen der Alfried Krupp von Bohlen und Halbach-Stiftung entstand, wurde vom Rat der Stadt Essen mit einem Betrag von jährlich rund 2,1 Millionen Euro fixiert. Dabei wurde jährlich ein Festbetrag von 1,4 Millionen Euro angelegt. Der darüber hinausgehende Betrag in Höhe von rund 700.00 Euro steht der Bauunterhaltung jährlich zur Verfügung, um die baulichen Anlagen in einem neuwertigen Zustand zu erhalten. Die erste Mittelbereitstellung erfolgte bereits im Haushaltsplan der Stadt Essen für die Jahre 2010/2011.

Trotz der angespannten Finanzlage hat die Stadt Essen gegenüber der anfänglichen Planung insgesamt einen erhöhten Beitrag zur Unterhaltung und zum Betrieb des Museums geleistet und sich gleichzeitig dauerhaft verpflichtet, den Qualitätsstandard des Gebäudes durch permanente Bauunterhaltung und, wenn erforderlich, mit Renovierungsmaßnahmen auf Dauer zu erhalten.

Während das Gebäude für den öffentlichen Betrieb geschlossen war, ergab sich auf Einladung von Berthold Beitz die einmalige Möglichkeit, Teile der Sammlung in den Räumlichkeiten der Villa Hügel zu präsentieren. Auch hierfür hat die Alfried Krupp von Bohlen und Halbach-Stiftung eine großzügige Unterstützung geleistet. Die Ausstellung konnte am 12. Juli 2008 eröffnet werden und endete im November 2009. Sie wurde von nahezu 200.000 Personen besucht.

Eine besondere Herausforderung für alle Beteiligten war, dass das Gebäude erst im November 2009 bezugsfähig wurde und bereits im Januar der Neubau eröffnet werden sollte. Alle diese Herausforderungen bewältigte das kleine Team um Museumsdirektor Hartwig Fischer souverän.

Am 30. Januar 2010 wurde das Museum Folkwang feierlich eingeweiht. Wenig später, im März 2010, folgte die erste große Sonderausstellung „Das schönste Museum der Welt" – Museum Folkwang bis 1933, gesponsert von der E.ON Ruhrgas AG. Bereits diese erste Ausstellung zählte über 330.000 Besucher. Es schlossen sich im Sommer die von der RWE AG finanzierte Ausstellung A Star Is Born – Fotografie und Rock seit Elvis und im Herbst Bilder einer Metropole – Die Impressionisten in Paris, wiederum von der E.ON Ruhrgas AG gefördert, an, die ebenfalls große Besuchererfolge wurden. Insgesamt verzeichnete das Museum Folkwang im Kulturhauptstadtjahr 800.000 Besucher. Mit der Sonderausstellung Urbanität gestalten. Stadtbaukultur in Essen und im Ruhrgebiet 1900–2010 im Souterrain des Altbaus zeigte sich, wie erfolgreich hier zusätzliche Flächen dank der Unterstützung des Folkwang-Museumsvereins hinzugewonnen worden waren.

Von Besuchern, Museumsfachleuten und der Architekturkritik wurde lobend hervorgehoben, dass sich der Neubau des Museum Folkwang mit großartigen architektonischen Qualitäten in den Dienst der Kunst stellt. Er gibt den Kunstwerken Raum und stellt sich nicht selbst als Kunstwerk in den Vordergrund. Damit markiert er eine Entwicklung im Museumsbau, die komplementär zum sogenannten „Bilbao-Effekt" steht. Viele Museumsbauten der letzten Jahrzehnte zielen darauf ab, durch spektakuläre Gebäude städtebauliche Akzente zu setzen, gleichsam eine „Landmarke" zu bilden. Demgegenüber tritt der Neubau des Museum Folkwang bei aller architektonischen Prägnanz zurückhaltender auf und nimmt den Dialog mit dem städtebaulichen Umfeld auf: Der Besucher kann sich in den Räumen, die sämtlich auf einer Ebene liegen, durch die vielfältigen Innen- und Außenbeziehungen jederzeit orientieren. Besonders gelungen ist das Lichtkonzept, das Tageslicht sowohl durch Oberlichter (Laternen und Sheddächer) wie auch von den Seiten einfallen lässt. Eine Schwierigkeit für die Museumsarchitektur war der Zugang von der Bismarckstraße, einer der meist befahrenen Straßen in Essen. Doch gemeinsam mit der Museumsgastronomie und dem Buchladen hat sich mit dem offenen Eingangshof ein Außenraum entwickelt, der trotz des in der Nähe vorbeirauschenden Verkehrs zum Verweilen einlädt und eine hohe Aufenthaltsqualität aufweist.

Durch die Museumsinvestition hat sich auch im städtischen Umfeld eine deutliche Aufwertung ergeben. So wurde das Glückauf-Haus mit dem dort angesiedelten ältesten Kino des Ruhrgebiets von einem Privatinvestor aufwändig saniert und ist für einen weltweit agierenden Elektronikkonzern die neue Heimstatt geworden. Das Kulturwissenschaftliche Institut (KWI), das in unmittelbarer Nachbarschaft des Museum Folkwang liegt, steht in einer völlig neuen räumlichen Beziehung zum Museumskomplex und zur Umgebung.

Das Museum Folkwang ist Anfangs- und Endpunkt des Kulturpfades, der sich von dort 3,5 km Richtung Norden bis zu den Ursprüngen der Stadt Essen am Essener Münster erstreckt, vorbei an der im Jahr 2004 erneuerten Philharmonie, dem Aalto Theater, bedeutenden architektonischen Schmuckstücken und Kunstwerken der Stadt, insbesondere auch im neu gestalteten Stadtgarten. Auf einem rund einstündigen Fußweg kann so die über 1150jährige Geschichte der Stadt Essen unmittelbar nachvollzogen werden. In der wechselvollen Geschichte der Stadt ist das neue Museum Folkwang ein einzigartiger Glücksfall.

Simone Raskob ist Umwelt- und Baudezernentin der Stadt Essen (Geschäftsbereichsvorstand 6 A Umwelt und Bauen).

Oliver Scheytt war von 1993 bis 2009 Kulturdezernent der Stadt Essen und von 2006 bis 2010 Geschäftsführer der RUHR.2010 GmbH; seit 2011 ist er als selbstständiger Unternehmer tätig. Er ist Professor für Kulturpolitik und kulturelle Infrastruktur am Institut für Kulturmanagement der Hochschule für Musik und Theater Hamburg.

Wolfgang Pehnt

„Durch Vernunft zur Schönheit"
David Chipperfields Neubau des Museum Folkwang

In bewegten Zeiten geraten auch die Kunstsammlungen in Bewegung – und sogar die Bauten der Museen. Die Sammlungen des Kunstmäzens, Kulturpolitikers und Bankierssohns Karl Ernst Osthaus waren zunächst in Hagen in einem neuen Museumsbau untergebracht, den der Berliner Baumeister Carl Gérard 1898 bis 1900 begonnen und der belgische Art-Nouveau-Künstler Henry van de Velde ausgebaut hatte. Außen präsentierte er sich im Stil der Neorenaissance, ungewollt als ein Beispiel für das „Unwesen der Stilarchitektur", wie Osthaus selbst später formulierte.[1] Innen dagegen stellte sich das Haus nach einer Bekehrung des Bauherrn zur zeitgenössischen Kunst als ein Meisterwerk des Jugendstils dar (Abb. 1 und 2). „Als freier Besitzer meiner Anstalt bin ich in der glücklichen Lage, mit keinen Vorurteilen rechnen zu müssen und hege daher den Wunsch, eine mustergültige Anlage zu schaffen", schrieb der vermögende Auftraggeber Osthaus selbstbewusst im ersten Brief an seinen künftigen Architekten van de Velde.[2] Kunst zu sammeln und zu verbreiten, vorbildliche Architektur zu fördern und eine Kultur der Gestaltung einzuführen, entsprang bei ihm nicht nur der Leidenschaft des Liebhabers. Er sah darin im kulturarmen Revier eine Erziehungsaufgabe, zu der ihn das Schicksal berufen hatte: den „Weg der Zukunft" zu beschreiten, „der durch Vernunft zur Schönheit führt".[3]

Nach dem frühen Tod des Sammlers im Jahre 1921 und dem Verkauf seiner Sammlung an eine Gruppe von Stiftern und an die Stadt Essen stand ein zweiter Museumsbau bevor.[4] Die vorhandenen Essener Sammlungen waren durch den Transfer aus Hagen in eine andere Qualitätskategorie befördert worden. Zwei Villen an der Bismarckstraße wurden von den Brüdern Karl und Hans Goldschmidt zum „Zwecke der öffentlichen Kunstpflege" gestiftet. Der großbürgerliche Zuschnitt der beiden Häuser reichte aber für den Zuwachs an Gemälden, Skulpturen und völkerkundlichen Objekten der Osthaus-Sammlung nicht aus, so dass ein Erweiterungsbau anstand. Der mehrfach überarbeitete, von 1926 bis 1929 verwirklichte Gebäudeplan stammt von dem renommierten Essener Architekten Edmund Körner, der seinem baukünstlerischen Drang in bewegten Ziegelfassaden und Travertinverkleidungen freien Lauf ließ (Abb. 3–6). Stilistisch hielt der Körner-Bau die Balance zwischen konservativem Repräsentationsbedürfnis und modernen Einrichtungsprinzipien. Er war eine Mischung, die der Gemütslage des Unternehmertums im Revier entgegenkommen mochte – nicht aber den Vorstellungen des dynamischen Direktors Ernst Gosebruch. Gosebruch beauftragte Künstler aus dem Bauhaus-Umfeld: Hinnerk Scheper für die Farbgestaltung der Räume und Oskar Schlemmer für die Wandfelder der Rotunde mit George Minnes Jünglingsbrunnen.[5]

Der Name „Folkwang", den Osthaus, die skandinavische ältere Edda zitierend, seinem Institut gegeben hatte, wanderte von Hagen nach Essen mit. Er wurde auch auf zwei Lehranstalten anderenorts in der Stadt übertragen, eine Schule für Musik, Tanz und Wort und eine Schule für Gestaltung, die aus der bestehenden Handwerker- und Kunstgewerbeschule hervorging. Für Osthaus hatten bei dieser Namensgebung, einer germanophilen Erinnerung an den Palast der altnordischen Göttin Freya, sowohl nationalpatriotische wie demokratisch-soziale („Volkshalle"!) und schließlich ästhetische Obertöne mitgeschwungen: „Freya symbolisiert das Schaffen überhaupt, das Schaffen in Natur und Kunst – das Schaffen in Schönheit."[6]

1 / Museum Folkwang, Hagen, Außenansicht, um 1902

2 / Museum Folkwang, Hagen, Eingangshalle
mit George Minnes *Brunnen mit knienden Knaben*
von 1905/06, Aufnahme um 1907

In Essen kamen Neuerwerb und Neubau gerade recht, um die Befreiung des Ruhrgebietes von der Besetzung durch französische und belgische Truppen und die wirtschaftliche Erholung in den wenigen Jahren zwischen Inflationsende 1923 und Weltwirtschaftskrise 1929 zu begehen und die schwach ausgebildete kulturelle Identität des Reviers zu stärken. Unter den Ruhrgebietsstädten entfaltete Essen, Sitz zahlreicher großer, international agierender Unternehmen sowie des neu gegründeten Siedlungsverbandes Ruhrkohlenbezirk (SVR), besonderen Ehrgeiz. In ihrer Selbstdarstellung bezeichnete sich die neben Dortmund größte Stadt des Reviers als einen Ort, der sich „in kultureller Hinsicht aus anfänglicher Bedürfnislosigkeit zu einer Stadt mit großen kulturellen Ansprüchen" entwickelt hatte.[7]

Dank des finanziellen Beitrags vermögender und kulturinteressierter Unternehmer war der Wechsel von Hagen nach Essen möglich geworden. Viele von ihnen gehörten dem Rheinisch-Westfälischen Kohlen-Syndikat und dem 1922 gegründeten Folkwang-Museumsverein an und waren selbst Sammler.[8] Die Tradition der privaten Sponsorenschaft hat sich über die Jahrzehnte hinweg erhalten. Einen Höhepunkt erlebte sie jedoch, als Berthold Beitz, der Kuratoriumsvorsitzende der Alfried Krupp von Bohlen und Halbach-Stiftung, 2006 durchsetzte, dass die Stiftung die gesamten Baukosten für einen abermaligen Neubau bis zu einer Höhe von 55 Millionen Euro übernahm.

Unter dem nationalsozialistischen Regime hatten nicht nur die Sammlungen durch Beschlagnahme und Zwangsverkauf schweren Schaden erlitten. Auch das Haus war dem Bombenkrieg zum Opfer gefallen, bis auf einige Reste, die nach 1945 provisorisch genutzt wurden. 1956

begannen die Bauarbeiten für das dritte Museum Folkwang, das 1960 eingeweiht wurde und heute noch einen Teil des jetzigen Baukomplexes bildet (Abb. 7 und 8). Verantwortlich für den Entwurf waren Werner Kreutzberger, Leiter des Städtischen Hochbauamtes, und der Stadtarchitekt Erich Hösterey; der Essener Architekt Horst Loy wurde zur Planung hinzugezogen. Loy übernahm auch die Bauausführung. Der Neubau war einer der frühen Museumsbauten in der Bundesrepublik, lange bevor der große Museums-Bauboom einsetzte.[9] „Museen werden nicht oft gebaut", hieß es – damals zutreffend – in der Buchpublikation über den Neubau.[10] Noch 1967 beklagte der Deutsche Museumsbund in einem Memorandum die Notlage deutscher Kunstinstitute.[11] Eine lange Reihe von Museen habe nach der Zerstörung im Kriege bisher keine neuen Gebäude erhalten und müsse in behelfsmäßigen Unterkünften ihr Dasein fristen. Die Essener Situation war dagegen nach der Eröffnung des Folkwang-Gebäudes von 1960 vorerst vergleichsweise komfortabel.

Wie die Architekten der wenigen bereits anderswo entstandenen Kunstgehäuse – darunter das Wallraf-Richartz-Museum in Köln (heute Museum für Angewandte Kunst), dessen Architekt Rudolf Schwarz auch in Essen mit einem Vorentwurf beauftragt war[12] – befleißigten sich Kreutzberger, Hösterey und Loy nobler Zurückhaltung. Anders als Körners Erweiterung dreißig Jahre zuvor macht ihr Bau der Kunst, die er enthält, keine Konkurrenz. Trotz der Verkleidung der gemauerten Außenwandteile mit Muschelkalksteinplatten und dunklen Basalttafeln wirkt er leicht, bescheiden und gediegen. Dafür sorgt der hohe Anteil an Glasflächen, hinter denen schlanke Rundstützen aus Stahl stehen. In das Rechteck des Museumsgebäudes

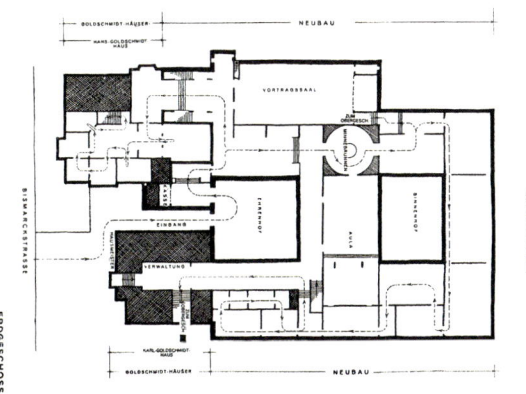

3 / Museum Folkwang, Essen, Erweiterungsbau von 1927/29, Grundriss

4 / Museum Folkwang, Essen, Innenhof, Aufnahme: Albert Renger-Patzsch (?), um 1930

sind zwei Innenhöfe unterschiedlichen Charakters eingeschnitten. Der eine ist als „grüner", bepflanzter Gartenhof gedacht, der andere mit Steinplatten ausgelegt. Dazwischen liegt ein sogenannter Gartensaal, der Muse und dem meditativen Aufenthalt der Besucher gewidmet. Um die Höfe sind Umgänge gelegt, von denen aus die Ausstellungssäle und -kabinette erschlossen sind. Licht kommt zumeist von der Seite. Nur die Westseite und der Raum mit George Minnes Jünglingsbrunnen haben Oberlichtaufsätze. Eine der Hauptattraktionen der Sammlung, Auguste Renoirs *Lise mit dem Sonnenschirm*, erhielt einen eigenen kapellenartigen Anbau, zugänglich durch den Minne-Raum. Tageslicht fällt auf Lise von der Seite her, entsprechend dem Lichteinfall auf dem Gemälde.

Abgeschlossenheit war gewollt. „Abgewandt von der Unruhe des ihn tangierenden lärmenden Großstadtverkehrs" sollte die Baugruppe „zu einer Insel der Besinnung, zu einem Punkt der geistigen Sammlung, aber auch der erholsamen Entspannung" werden.[13] Ein zweistöckiger Gebäudequader für Verwaltung, Vortragssaal und Bibliothek, mit dunklem Lohndorfer Basalt verkleidet, ist fast lässig in nicht ganz rechtem Winkel danebengestellt. Ein gläsernes Gelenk, damals der Haupteingang von der Bismarckstraße her, verbindet beide Hauptbaukörper. Das Arrangement entspricht der Neigung der Moderne, jeden Bauteil für sich auszubilden und nur vorsichtige Kontakte zwischen dem einen und dem anderen zu erlauben, unter Wechsel des Materials und des Transparenzgrades: *Noli me tangere*. Wechselseitige Berührung der Bauteile war nur wie mit Fingerspitzen gestattet.

Von solchen Subtilitäten hielten die späteren 70er Jahre nichts. Den vierten Bau, einen Erweiterungsbau (1979 bis 1983), teilte das Museum Folkwang mit dem Ruhrlandmuseum, was zu verqueren Erschließungen, kleinlichen Differenztreppen und zahlreichen 45°-Ecken („Brikettstil") führte. Abseits der Wege aus der Stadt wurde der Haupteingang für das neue Kombinationsmuseum nun an die der City abgewandte Rückseite im Westen verlegt (Abb. 9). Zweiter städtebaulicher Sündenfall war die klobige Addition der geschlossenen Saalfronten entlang der Bismarckstraße, die durch dreieckig vorstoßende Glaserker aufgebrochen wurden. „Unlogische Sprünge" und keine überzeugende Architektur, urteilte drei Jahre später die Kritikerin Hannelore Schubert in ihrer Bilanz des mitteleuropäischen Museumsbaus.[14]

Dass dieses Gebäude – anders als das Haus von 1960 – nach einer Lebensdauer von weniger als 25 Jahren zum Abbruch verurteilt wurde, ist wegen seiner mangelhaften ästhetischen Anmutung, den Problemen mit der Licht- und Klimaqualität und aufgrund des Sanierungsbedarfs verständlich. Erstaunlich bleibt der Abriss doch. Eine Kommune, die lediglich auf ihren eigenen Kulturetat angewiesen wäre, hätte ihn sicherlich nicht gewagt. Nur dem beherzten Eingriff der Krupp-Stiftung ist es zu verdanken, dass der Fauxpas dieses Bauwerks nach so kurzer Zeit korrigiert werden konnte. Motivierend war dabei die Aussicht auf die Rolle Essens während des Kulturhauptstadtjahrs 2010. Das Ruhrlandmuseum zog in die Kohlenwäsche der Zeche Zollverein um. Für den Neubau des Folkwang wurde neben dem Altbau von 1960 *Tabula rasa* gemacht. Die Bühne war frei für den fünften Bau in der hundertjährigen Geschichte des Museums.[15]

Der denkmalgeschützte Nachkriegsbau von Kreutzberger und Loy blieb dabei erhalten; restauriert worden

5 / Museum Folkwang, Essen, Ausstellungssituation, Aufnahme: Albert Renger-Patzsch, um 1930

6 / Museum Folkwang, Essen, Ausstellungssituation, Aufnahme: Albert Renger-Patzsch, um 1930

war er schon in den späten 1990er Jahren. Einen Teil seiner Eigenschaften hat er an Chipperfields Neubau weitergegeben. Das Motiv der Höfe spielt auch im neuen Haus eine konstitutive Rolle – es ist sogar ein Erbe schon der Erweiterung, mit der Edmund Körner 1926 bis 1929 die beiden Villen Goldschmidt verbunden hatte. Damals hatte Körner vor den Neubau eine Art Ehrenhof gelegt, der trotz der geringen Abmessungen von beträchtlichem Pathos war, und in den zur Goethestraße gelegenen rückwärtigen Komplex einen weiteren Hof, den sogenannten Schmuckhof, eingelassen. Seinem Namen entsprechend waren die Fassadenfelder üppig dekoriert.

Bei der Planung von 1956 bis 1960 war das Motiv der doppelten Höfe aufgenommen worden. Die beiden Höfe, der grüne und der steinerne Hof, wurden von allen Seiten bis auf die Westseite von einem Umgang umgeben. Er bewahrt die eigentlichen Galeriesäle vor zu starkem Lichteinfall, erlaubt aber dem Besucher den gesteuerten Kontakt zu Tageslicht, Wetter, Vegetation und Freiplastik. Dadurch, dass der Eingangsflügel des Baus, ein Zwischengelenk, nach Osten und Westen gegenüber den beiden Hauptbaukörpern zurückgenommen wurde, entstanden Andeutungen weiterer nach außen geöffneter Freiräume.

Abermals Jahrzehnte später griffen auch David Chipperfield Architects das Thema auf. Nun ist es ein ganzes Gewebe aus Gängen, Foyers, Höfen und Freiräumen geworden, fast eine kleine Stadt mit Plätzen und Gärten, von der Nutzfläche her eine Verdreifachung des Bestandes. Die Wege sind nicht auf *Points de vue* ausgerichtet. Keiner durchquert den gesamten Komplex in ganzer Länge, alle sind ein- oder mehrmals versetzt. Besonders deutlich wird diese Absicht in einer frühen Grundrissskizze.[16] Sie

erinnert an eine Stadt des europäischen Manierismus wie Sabbioneta, in der das System rechtwinklig gekreuzter Straßen eigenwillig gebrochen ist und die Hauptachsen an Querstraßen auflaufen. Es entsteht ein leicht labyrinthischer Effekt, für den man im Falle Sabbionetas militärische Gründe angeführt hat.[17]

In Essen geht es freilich nicht um gewollte Desorientierung feindlicher Eindringlinge, sondern allenfalls darum, den Besuchern das Gefühl einer weitläufigen Baugruppe zu geben, die nicht jedes ihrer Geheimnisse auf den ersten Blick preisgibt. Dem Gast wird Gelassenheit nahegelegt: Was sich nicht sofort erschließt, das wird sich eben beim Durchwandern eröffnen. Einige wandhohe Fenster lassen Blicke auf die Außenwelt zu. Auch wenn sich das Draußen kleinteilig und wenig inspirierend zeigt, erlaubt der Blick auf die Vorstadtwelt von Fall zu Fall Orientierung. Im Übrigen lag das dichte Maschennetz der Wege und Räume als Lösung nahe. Die ersten drei Preisträger des Wettbewerbs von 2006/07[18], dem ein international offenes Bewerbungsverfahren vorgeschaltet war, hatten sich sämtlich für eine clusterartige Struktur entschieden.

An Höfen gibt es im realisierten Entwurf sechs, die beiden Innenhöfe des Altbaus von Kreutzberger und Loy mitgerechnet. Einer dieser umschlossenen Freiräume ist aus dem Weiterbau nördlich des Altbaus von 1956 bis 1960 entstanden. Dessen Fassade mit der Apsis von Renoirs schöner Lise figuriert als seine südliche Begrenzung. Das neue zentrale Foyer bildet ein siebtes, jedoch überdachtes Atrium. Sein Oberlicht empfängt es durch einen Lichtschacht; er durchschneidet vertikal den Gebäudekorpus, in dem sich Buchhandlung, Lese- und Studienraum sowie in der oberen Etage Räume der Verwaltung befinden, und

7 / Museum Folkwang, Essen, Neubau von 1955–60,
Haupteingang an der Bismarckstraße, Aufnahme:
Peter Happel/Stadtbildstelle Essen, um 1960

8 / Museum Folkwang, Essen, Neubau von 1955–60,
Ausstellungssituation, Aufnahme: Peter Happel/Stadtbildstelle Essen,
um 1960

akzentuiert so den Empfangstresen darunter. Keiner dieser Höfe kommuniziert unmittelbar mit den Ausstellungs- und Museumssälen. Wie im Bau von Kreutzberger und Loy begleiten großzügig verglaste Gänge die Höfe und vermitteln zwischen den Außenräumen der Höfe und den Innenräumen der Kunstsäle. Dafür ist ein beträchtlicher Anteil an Verkehrsflächen aufgewendet. Das neue Museum Folkwang ist ein peripatetisches Museum, das den Besucher zum Flanieren einlädt, wenn nicht sogar auffordert. Leicht gemacht wird die Wanderung durchs Haus auch, weil sich die öffentlich zugänglichen Haupträume auf einer durchgehenden Ebene befinden.

Ein weiteres Element des ersten Nachkriegsgebäudes findet sich, übersetzt und verwandelt, in Chipperfields Massengruppierung. Über der durchgehenden Erdgeschossebene mit ihren transparenten Wandelgängen erheben sich die unterschiedlich hohen Quader der verschiedenen Funktionsgebäude: je einer für die ständige Sammlung neuerer Kunst, für Fotografie und Grafik, für Buchhandlung und Studienraum im Erdgeschoss und die Verwaltung darüber, für Wechselausstellungen und schließlich für Restauration und Mehrzwecksaal. Da alle diese Gebäudeteile für das Auge als selbstständige Körper in wechselnden Überschneidungen erfassbar bleiben, unterschiedliche Höhen aufweisen und von wechselnden Oberlicht-Systemen erhellt werden – flache Laternen auf den kleineren Räumen, nordwärts gerichtete Sheds über dem großen Saal der Wechselausstellung, darunter gehängt Kassettendecken –, stellt sich der Eindruck einer urbanen Versammlung von Räumen und Körpern ein, unterschiedlich im Zuschnitt, aber geeint durch das Material.

Am Außenbau handelt es sich um einen Sockel aus hellgrauem Betonstein und darüber um gletschergrüne, transluzide Glaskeramikplatten, deren vertikale Stöße mit Leisten desselben Materials abgedeckt sind. Der Werkstoff ist eine Neuentwicklung, die aus recyceltem, gemahlenem Glas gewonnen wird und selbst recycelt werden kann.[19] Seine Lichtdurchlässigkeit wird hier nicht auf die Probe gestellt, da er als Außenhaut geschlossener Fassaden eingesetzt wurde. Innen versagen sich das gebrochene Weiß der verputzten Wände, die schwarzen Vertikalen der Stahlprofile und das lichte Grau des Estrichs allen Farb- und Materialwirkungen, die mit den Kunstwerken konkurrieren könnten. Doch auf *einen* Effekt haben die Architekten nicht verzichtet: Das sind die Reflexe, Spiegelungen und der unterschiedliche Lichteinfall, die dank der vielen Glasflächen zustande kommen. Sie geben den Interieurs eine Immaterialität, die nicht ganz von dieser Welt zu sein scheint. Sogar der Fußboden ist reflektierend geschliffen, so dass man über einen gefrorenen Wasserspiegel zu gleiten glaubt.

Schmale Profile und leichte Fassadenverkleidung: Das Haus präsentiert sich als Serie von Häusern in einer Erscheinungsform, die der Moderne und speziell ihrer Fortsetzung in den 1960er Jahren am Herzen lag, dem Pavillon. Der Typus des schwerelosen, scheinbar schwebenden, oft transparenten und aufgeständerten, meist eingeschossigen und auf sich gestellten Baus feierte damals Erfolge im Ausstellungswesen, aber auch als Wohnbungalow oder bei Firmen- und Forschungsbauten. Politisch relevante Bauten, wie die Vertretung der Bundesrepublik auf der Weltausstellung 1958 in Brüssel oder der Kanzlerbungalow in Bonn von 1963/64, suchten den Staat als einen Bauherrn

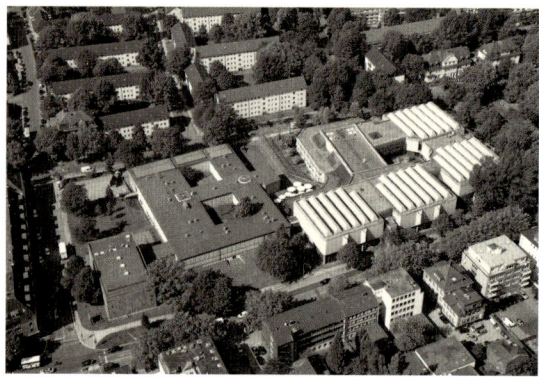

9 / Museumszentrum (Museum Folkwang und Ruhrlandmuseum),
Neubau von 1979–83, Aufnahme: © Peter Wieler Essen
Marketing GmbH

darzustellen, der nach peinvollen Jahren, in denen die Schwere des Steins regiert hatte, wieder Offenheit und Leichtigkeit pflegte.

Mies van der Rohe war ein Meister dieser Gattung. Er entwarf Pavillons auch für Museumszwecke – den eindrucksvollsten kurz nach dem Nachkriegsmuseum des Folkwang für die Neue Nationalgalerie in Berlin (1962 bis 1968). Kreutzberger berichtet, dass Mies bereits 1954 für einen solchen Neubau gewonnen werden sollte, allerdings nicht am innerstädtischen Standort, sondern im Park der Villa Hügel.[20] Möglicherweise stand das Projekt in einem Zusammenhang mit dem Verwaltungsgebäude für die Firma Krupp, das Mies 1959 bis 1963 entworfen (wenn auch nicht gebaut) hat. Chipperfields Museumsbau steht in dieser Tradition. Und wenn der Vorsitzende der Krupp-Stiftung, Berthold Beitz, bei einer Besprechung mit Chipperfield die alten Mies-Pläne für Krupp an die Wand hängen ließ, scheint die Inspiration ihre Wirkung getan zu haben.

Es entspricht Chipperfields Gefühl für das Angemessene eines Ortes, dass er es nicht bei einer Versammlung von Leichtgewichten bewenden ließ. Der Standort an der Bismarckstraße bildet den Endpunkt eines nicht übermäßig plausiblen, bereits vorhandenen „Kulturpfads", der von der City vorbei an Aalto-Theater und Saalbau ins Südviertel der Stadt führt. Über eine widersinnig abgewinkelte Fußgängerbrücke überquert er die stark belastete Bismarckstraße und leitet zum Folkwang über. Die Verweigerung des städtischen Zusammenhanges, die sich der Anbau von 1979 bis 1983 zuschulden kommen ließ, wurde vom Architekten des Neubaus rückgängig gemacht. Chipperfield nutzte das leichte Gefälle der Bismarckstraße und

die Notwendigkeit, eine Tiefgarage vorzusehen, um die Pavillongruppe auf einen Sockel zu heben, der ihr institutionelles Gewicht gibt.

Der Gast besteigt die Sockelhöhe des Museums über eine breite, in die Straßenflucht gedrehte Freitreppe. Der stählerne Umgang, der den ersten, den Eingangshof umhüllt, bietet jenes Maß an gut verträglichem Pathos auf, das man als Willkommensgruß schätzt und als Würdeform nicht unpassend findet. Damit ist der Eingang dorthin verlegt, wo er hingehört, in die größtmögliche Nähe zur Innenstadt, die das Baugrundstück bei sinnvoller Erschließung hergab. Und man schlendert nicht mehr oder weniger beiläufig in das Kunstreich hinein, wie es die Museumstheorie der 1970er Jahre verlangte, sondern absolviert jene kleine Zeremonie, die jedes Treppensteigen bedeutet. Zwischen Respekt und Einladung wird die Mitte gehalten.

Für die Kunstwerke, die im Folkwang wegen der verschiedenartigen Bildträger und wegen des Anteils außereuropäischer Kunst sehr unterschiedliche Bedingungen stellen, ist mit dem Neubau ein Gehäuse geschaffen, das ihre Ansprüche erfüllt. Flache Stellwände wurden vermieden. Das Ambiente soll von seiner Ausstrahlung her Dauer garantieren. Nur im großen Saal für Wechselausstellungen sind alle Vorkehrungen getroffen, um ihn mit unterschiedlichen Einbauten bespielen zu können. Hauptregisseur ist das natürliche Licht, das den Besucher auf den Wegen zwischen den einzelnen Orten des Hauses begleitet und ihm in den Sälen gefiltert begegnet, so dass die über den Tag hinweg wechselnden Helligkeits- und Farbwerte auch die Kunstwerke verändern. Weder der Museumsdirektor noch sein Architekt sind Anhänger der Doktrin vom gleichmäßigen, also künstlich erzeugten Licht, das aus „Neon-beleuchteten Oberlichttümpeln"[21] einfällt. Man soll auch vor den Bildern und Skulpturen wissen, ob es Morgen oder Abend ist, ob die Sonne scheint oder der Himmel bewölkt ist.

Museumsbau ist eine Aufgabe, die prominente internationale Vertreter der Architektenzunft – wie die im Wettbewerb vertretene Zaha Hadid – zu auffälligen Sonderleistungen anspornt. Viele Kommunen nutzen die Gelegenheit, um mit Architekturikonen Imagewerbung zu betreiben. Dazu taugt auch Chipperfields Architektur, obwohl sie auf die Gestik fantastisch geschneiderter Gebäudehüllen verzichtet, auf nie zuvor gesehene Tragwerke und staunenswerte Sensationen, wie sie nur *computer-aided manufacturing* ermöglicht. Chipperfields Sensationen sind still. Seine Architektur ist die eines Minimalismus, der gleichwohl nicht Askese bedeutet. David Chipperfield Architects entschieden sich für eine Architektur, die ihre Qualitäten aus der Analyse des Ortes, aus der Rücksicht auf Vorhandenes, aus der Rationalität der Lösung bezieht – und aus dem Zauber, den eine perfekt gelungene Symbiose aller Entwurfsfaktoren ausstrahlt.

Karl Ernst Osthaus' Parole „durch Vernunft zur Schönheit" gilt auch für das jüngste Gehäuse, das sein Erbe bewahrt.

Wolfgang Pehnt war von 1995 bis 2009 Professor für Architekturgeschichte an der Ruhr-Universität Bochum.

1 Karl Ernst Osthaus, *Van de Velde*, Hagen 1920 (Reprint Berlin 1984), S. 21. // **2** Karl Ernst Osthaus an Henry van de Velde, 26.4.1900. Faksimile in: Herta Hesse-Frielinghaus, Folkwang 1. Teil, in: Herta Hesse-Frielinghaus u.a., *Karl Ernst Osthaus. Leben und Werk*, Recklinghausen 1971, nach S. 38. // **3** Osthaus, *Van de Velde* (wie Anm. 1), S. 21. // **4** Zur Baugeschichte des Folkwang-Museums in den 1920er und 1950er Jahren vgl. vor allem: Achim Preiß, Der neue Bau des Museum Folkwang 1929, sowie „Für mich gehörte das Folkwang von Anfang an zu meinem Leben", Paul Vogt im Gespräch mit Hartwig Fischer und Uwe M. Schneede, beide in: *„Das schönste Museum der Welt", Museum Folkwang bis 1933*, Hrsg. Museum Folkwang, Göttingen 2010, S.157ff., S.173ff. – Paul Vogt, Werner Kreutzberger, Horst Loy, *Museum Folkwang Essen. Das Museumsgebäude*, Essen 1966. // **5** Kyllikki Zacharias, Ernst Gosebruch und die Künstler, in: Museum Folkwang (Hrsg.), *„Das schönste Museum …"* (wie Anm. 4), S. 191ff. // **6** *Rheinisch-Westfälische Zeitung*, 9.7.1902, zit. in: Hesse-Frielinghaus u. a., *Karl Ernst Osthaus* (wie Anm. 2), S. 130. // **7** Zit. in: Käthe Klein, *Aus der Geschichte der Folkwangschule für Gestaltung*, Essen 1965, S. 13f. // **8** Ulrike Laufer, Transfer der Folkwang-Sammlungen nach Essen, in: Museum Folkwang (Hrsg.), *„Das schönste Museum …"* (wie Anm. 4), S. 179ff. // **9** Als wichtigste deutsche Nachkriegsbauten entstanden vor dem Museum Folkwang: Rudolf Schwarz und Josef Bernard, Wallraf-Richartz-Museum, Köln 1951 bis 1957; Sep Ruf, Germanisches Nationalmuseum, Nürnberg 1955 bis 1971. // **10** Werner Kreutzberger, Das Folkwang-Museum und seine Architekten, in: Vogt u.a., *Museum Folkwang Essen* (wie Anm. 4), S. 12. // **11** Memorandum des Deutschen Museumsbundes zur heutigen Lage der deutschen Museen, in: *Museumskunde*, 36 (1967), 2., S. 59. // **12** Wolfgang Pehnt, Werkverzeichnis Hilde Strohl, *Rudolf Schwarz. Architekt einer anderen Moderne*, Ostfildern 1997, S. 277. // **13** Horst Loy, *Das Museumsgebäude*, in: Vogt u.a., *Museum Folkwang Essen* (wie Anm. 4), S. 14. // **14** Hannelore Schubert, *Moderner Museumsbau. Deutschland Österreich Schweiz*, Stuttgart 1986, S. 54. – Architekten der Erweiterung 1979–83: Arbeitsgemeinschaft Essener Museen Kiemle, Kreidt und Partner, Allerkamp, Niehaus, Skornia. // **15** Vgl. Ulrich Höhns, Klassischer Schnitt. Museum Folkwang in Essen, in: *Baumeister* (2010), 4, S. 36ff. – Kaye Geipel, Schönstes Museum der Welt... , in: *Bauwelt* (2010), 5., S. 14ff. // **16** Abgebildet in *Baumeister* (wie Anm. 15), S. 36. // **17** Vgl. Gerrit Confurius, *Sabbioneta oder die schöne Kunst der Stadtgründung*, München 1984, S. 125ff. // **18** David Chipperfield Architects, Adjaye Associates, Gigon Guyer Architekten. // **19** Das patentierte Material wird unter dem Namen Structuran von der Induspart GmbH in Teutschenthal hergestellt. // **20** Werner Kreutzberger, Das Folkwang-Museum und seine Architekten, in: Vogt u.a., *Museum Folkwang Essen* (wie Anm. 4), S. 12. // **21** Rudolf Schwarz, Wie beleuchtet man Museen? (1957), in: Pehnt, *Rudolf Schwarz* (wie Anm. 12), S. 225.

Bruno Haas

„Gehen wir davon aus, daß auch ich zusammenbrechen kann, daß ich bereits zusammengebrochen wäre, daß ich in ein Grab hineingehen müßte, so gäbe es dennoch aus diesem Grabe eine Auferstehung. Und das erste, das zu dieser Auferstehung führen würde, wäre der Born dessen, was wir die Deutsche Sprache nennen. In dieser Auferstehung aus einer Zerstörtheit, die uns alle betrifft, in dem Gehen zu diesem Born, im Gebrauch der deutschen Sprache, könnten wir miteinander ins Gespräch kommen, so daß wir erleben würden, daß aus dem Sprechen miteinander sich uns nicht nur die leibliche Gesundheit einstellen würde, sondern daß wir auch ein elementares tiefes Fühlen spüren würden für das, was auf dem Boden geschieht, auf dem wir leben, für das, was auf dem Acker, was auch im Walde, auf der Wiese, was im Gebirge gestorben ist. Wir würden durch unsere eigene Sichverlebendigung durch die Sprache den Boden mitnehmen, das heißt, wir würden einen Heilungsprozeß an diesem Boden vollziehen können, auf dem wir alle geboren sind."[1]

Mit diesen Worten beginnt ein Vortrag, den Joseph Beuys am 20.11.1985 in München gehalten hat. Es ist darin von einer Zerstörtheit die Rede, womit wohl an den damals seit vierzig, nun aber seit über sechzig Jahren vergangenen Krieg erinnert wird, die aber nicht nur Menschen und Städte, sondern auch Acker, Wald, Wiese und Gebirge in Mitleidenschaft gezogen haben soll. Das Eigenartige der Sprache, die Beuys spricht, ist, dass in den Worten selbst eine Verletztheit zum Vorschein kommt. Es wimmelt in dem Text von kranken Wörtern, Heilung und Heil, Grab, das an den (Schützen-)Graben erinnert, und von dem, was am deutschen Volk das Deutscheste ist, seiner Sprache.

Joseph Beuys gehört zu denjenigen Künstlern, die seit den 60er Jahren versucht haben, das Museum und überhaupt die „Kunst" zu verlassen, die aber, ob sie es wollten oder nicht, ins Museum zurückgekehrt sind. Das Museum zu verlassen, schien in der Tat eine Notwendigkeit, wo die Kunst, oder was auf sie folgte, eine Arbeit an der kranken Sprache selbst, „soziale Plastik" und „Gespräch" werden sollte. Wir selbst sind ja Gespräch, nämlich das Gespräch und das Sprechen unserer Sprache, wie Heidegger es in einem aus Hölderlin entnommenen Satz ausdrückt. Und wie sollte denn die Heilung der Sprache, die wir sind, durch Kunstwerke erwirkt werden, die im Museum liegen? Das Museum scheint ja *per definitionem* ein Ort zu sein, der am Leben nicht teilnimmt, wo die Reste der nach Hegel inzwischen abgestorbenen Kunst ehrenhaft aufbewahrt und verwaltet werden, und zwar so, dass man sie aus konservatorischen Gründen nicht mehr berühren darf.

Wie kam es aber, dass auch Beuys' Kunst ins Museum zurückgekehrt ist? Hat sich das Museum endlich zum „Leben" geöffnet? Wird nicht im Museum die aktuelle Produktion gezeigt, gesammelt und geehrt? Zeigt nicht die wachsende Nachfrage, dass es zu einer Institution inmitten des sozialen Lebens, zu einem „Medium" ersten Ranges geworden ist? Wieso sollte unter solchen Bedingungen die Kunst noch immer das Museum zu verlassen streben?

Seit den 60er Jahren ist im Umfeld der sogenannten konzeptuellen Kunst eine institutionelle Kunsttheorie entstanden, die das Phänomen der Kunst als Funktion ihrer Institutionalisierung zu verstehen versucht und damit auf den Zusammenbruch objektiver, in den Werken selbst liegender und begründeter Kriterien des Wertes und der Gültigkeit von Kunstwerken reagierte. Man interessierte sich für die Art und Weise, wie Artefakte dadurch, dass sie institutionell – und nicht zuletzt durch das Museum – konsakriert in den Rang von Werken der Kunst aufsteigen, zu wertvollen Sammelobjekten werden und eine bestimmte Art von Kommentar herausfordern. Es gibt keinen Zweifel, dass die von den Vertretern dieser institutionellen Kunsttheorie herausgearbeiteten Strukturen eine Rolle spielen und gespielt haben; allein, ihre eigene, angeblich rein deskriptive und daher neutrale, objektiv-wissenschaftliche Methode griff zugleich performativ in die Kunst selbst ein und beschränkte sich folglich de facto nicht auf ihre deskriptive Rolle. Dadurch verringerte sich der Abstand zwischen künstlerischer Arbeit und Theorieproduktion, wie Arthur Coleman Danto schon in den 70er Jahren notierte.

Aus der Perspektive der institutionellen Kunsttheorie lassen sich drei Pole im Umfeld von Kunst und Künstler isolieren: der Konsument, der sich für das Werk interessiert und dadurch zu einem potenziellen Käufer wird, wodurch ein Markt entsteht; der Kritiker, der das Werk kommentiert und hierdurch das Verhalten des Konsumenten reguliert, indem er auf Qualitäten und Mängel hinweist; das Museum, das durch Ankauf und Ausstellung den Rang des Artefaktes öffentlich feststellt und hierdurch in der Diskussion das letzte Wort zu haben scheint, indem es scheinbar definitiv die „Wahrheit" über ein Werk und einen Künstler feststellt. Selbstverständlich sind diese drei Funktionen verzahnt: Der Kritiker wird zum Konsumenten, das Museum promoviert selbständig einen Künstler usw.

Genauer betrachtet scheinen sich diese drei Pole um einen einzigen Begriff zu scharen, der ihre Interaktion regelt und aufrechterhält, den Begriff des Wertes. Auf dem Markt erzielt das Kunstwerk einen Tauschwert, der durch die Arbeit des Kritikers auf einen vorgeblich intrinsischen Wert zurückgeführt wird, den wir – einen in der analytischen Philosophie gängigen Terminus umdeutend – den Wahrheitswert nennen wollen, dem Konsumenten schließlich gehört der Gebrauchswert. Den Zusammenhang dieser drei Wertformen nennen wir den Kunstwert, der die Kunst von allen anderen Wertprodukten unterscheidet und dessen institutionelles Korrelat das Museum ist. Seine Logik ist hier kurz zu beleuchten.

Unter diesen drei Werten spielt der Wahrheitswert eine ausgezeichnete Rolle. Der Wahrheitswert entscheidet darüber, welches Werk in Wahrheit würdig ist, vom Konsu-

menten in Gebrauch genommen, also auch gekauft zu werden. Zwar kann der Kritiker, der professionell mit der Feststellung dieses Wertes befasst ist, sich irren, aber indem er in die Diskussion eintritt, erscheint der Wahrheitswert eben als deren Resultat, das im Marktverhalten des Werks wiederum sein Korrektiv hat. Denn der einmal erfolgreich lancierte Künstler wird auch seinen Kritiker finden. Wo indessen auf keine Weise ein Wahrheitswert etabliert ist, hat das Werk überhaupt keinen Wert. Der Gebrauchswert reduziert sich dann allenfalls auf das völlig banausische Genießen, und man hält dergleichen nicht für Kunst.

Der Wahrheitswert ist also das Spezifikum im Wertverhalten des Artefaktes. In der institutionellen Kunsttheorie wird ihm im Allgemeinen keine objektive oder absolute Bedeutung beigemessen, da er präzise als eine Funktion der Institution (Interaktion der drei Pole, wertproduzierende Diskussion der Kritiker etc.) aufgefasst wird, einem Diktum Duchamps getreu, demzufolge der Betrachter das Werk schafft. Die Interpretationsarbeit funktioniert hier als Performativ: Sie stellt nicht fest, was an sich selbst vorhanden ist, sondern sie produziert einen Wahrheitswert aus Anlass eines Werkes, dessen Beteiligung an dieser Produktion größer oder kleiner, eventuell minimal sein kann. Die Produktion dieses Wahrheitswertes, an der auch der Konsument einen allerdings bescheidenen Anteil nimmt, ist ein notwendiges Moment in der Konstitution des Tausch- und Gebrauchs-, d. h. des Kunstwertes oder des Wertes eines gegebenen Produktes, insofern es als Kunst gilt. Durch ihn ist das Kunstwerk als solches (institutionell) definiert. Konkret drückt sich der Kunstwert darin aus, dass ein gegebenes Artefakt bzw. Artefakte eines gegebenen Künstlers prinzipiell in ein Museum eintreten können. Hierbei funktioniert das Museum einerseits als „unvoreingenommener" Regulator, andererseits greift es wesentlich in das Wertverhalten des Kunstwerks ein, indem es dieses bleibend dem Markt entzieht und damit prinzipiell unverkäuflich macht, wodurch sein Wert als ein inkommensurabler gekennzeichnet wird. Diese Inkommensurabilität hängt wesentlich mit der besonderen Verfassung des Wahrheitwertes zusammen, wie sich in der Folge deutlicher zeigen wird. In den letzten Jahren ist die zuletzt genannte Funktion des Museums jedoch in zumeist verbrämter Form allerdings unterminiert worden – Vorgänge, die eine eigene Analyse verdienen würden.

Worin besteht also unter diesen Bedingungen der Wahrheitswert des Kunstwerks? Wir sagten, er werde durch die Interaktion der Kritiker, der Konsumenten, der öffentlichen Institutionen hergestellt. Es entsteht da offenbar so etwas wie eine „herrschende Meinung", eine allgemeine Überzeugung. Eine solche durch den institutionellen Erfolg ausgezeichnete Meinung nennen wir *akademisch*. Der Unterschied zwischen dem institutionellen Akademismus von heute und dem Akademismus, gegen den sich Delacroix, Manet, van Gogh und Kandinsky haben durchsetzen müssen, besteht darin, dass dieser doktrinär war, jener indessen strukturell ist – strukturell insofern er definitionsgemäß gar keine Kunstdoktrin aufstellt, als welche eben das Resultat der demokratischen Diskussion sein soll, und insofern offen bleibt für jede mögliche Provokation, Neuerung und Veränderung. Indem aber der Kunstwert als Funktion des öffentlichen Erfolgs definiert wird, erhält hier die Institution erstmals ausdrücklich die Bedeutung, die Sache nicht nur zu verwalten und zu beurteilen, sondern durch ihr Urteil auch zu konstituieren. Der Kunstcharakter und -wert des Artefakts besteht nunmehr in nichts anderem als in seiner institutionellen Konsekration.

Wir kehren damit zur logischen Struktur des „Kunstwertes" und insbesondere des darin enthaltenen „Wahrheitwertes" zurück. Könnte der Kritiker in seiner Interpretation den Sinn des Werks völlig frei erfinden, so wäre er selbst der Künstler und das Werk überflüssig. Es ist daher notwendig, dass ein Rest von interner Notwendigkeit in der Interpretation zumindest prätendiert ist. Worin auch immer die „Wahrheit" bestehen mag, sie funktioniert, einmal behauptet, als ein Transzendentes, als ein solches, das in sich selbst feststeht und hierdurch immer über die bloße persönliche, ja selbst über die allgemeine Überzeugung hinausliegt. Diese Voraussetzung ist zwar vielleicht illusorisch (jedoch bliebe anzugeben, was hier das Wort „Illusion" überhaupt bedeuten kann), aber ohne eine solche Illusion käme die Diskussion der Interpreten nicht in Gang, ist sie es doch, was zur Einigung und deshalb allererst zur Auseinandersetzung zwingt. Nun ist die Wahrheitsprätention der Kunst bekanntlich in der sogenannten romantischen Kunstphilosophie, etwa bei Schelling und Hegel, aufgestellt und verteidigt worden. Sie begründete bei diesen Philosophen zugleich Autonomie und Selbstzweckcharakter der Kunst, die noch bei Adorno und jüngst

Rancière wegen ihrer gesellschaftlichen Funktion verteidigt worden sind. In der institutionellen Kunsttheorie erscheint die Wahrheitsprätention dagegen nur als Mittel (Zwischenglied) in der Konstitution des Wahrheitswertes, um den allein es eigentlich zu tun ist. Sie kann auch gar nicht anders erscheinen, wenn der Kunstwert als Funktion der institutionellen Interaktion und nicht als Konsequenz eines intrinsischen (hypostasierten) Wertes aufgefasst wird. Sobald aber die Funktion der Wahrheit in ihrem Beitrag zur Konstitution des Kunstwertes aufgeht, verliert sie offensichtlich ihren transzendenten Status, da sie sich nur noch nach dem durch die Diskussion erreichten Resultat bemisst, welches, wie gesehen, den Wahrheitswert etabliert. Es erhebt sich die Frage, was daraus für die Kunst folgt, dass sie in der gekennzeichneten Weise primär als Wertfunktion verstanden wird.

Es ist schon betont worden, dass der hier skizzierte und außerordentlich einflussreiche Theorietyp die in ihm zur Sprache kommende Sache selbst und alle an sie gebundenen menschlichen Erfahrungen und Praktiken nicht nur neutral beschreibt, sondern auch aktiv modifiziert (performative Dimension der institutionellen Kunsttheorie). In der Betrachtung dieser Folgen wird sich zeigen, wie es um die Wahrheit jener Theorie selbst bestellt ist. Wie gesehen, wird für die Etablierung des Wahrheits- und folglich auch des Kunstwertes eine Diskussion vorausgesetzt, deren Teilnehmer mit einer gewissen Wahrheitsprätention auftreten müssen. Diese Wahrheit selbst spielt zwar für den Wahrheitswert keine Rolle. Für ihn ist einzig von Belang, dass irgendwelche interpretativen Elemente innerhalb der relevanten Institutionen Gehör finden, mögen sie sich im übrigen gegenseitig ausschließen oder gleichgültig zueinander verhalten. Obwohl die Teilnehmer an der Diskussion an ihre respektiven Interpretationen glauben, diese also emphatisch für wahr halten bzw. wenigstens diesen Anschein erwecken müssen, braucht es also mit dieser Wahrheitsprätention kein Ernst zu sein; ja es ist an sich selbst kein Ernst damit, wenn anders der Wahrheitswert ausschließlich in dem Erfolg eines Werks in seinen Interpretationen besteht. Es geht hier nicht darum zu entscheiden, ob es absolute Wahrheiten gibt oder nicht, sondern nur darum zu beschreiben, was geschieht, wenn man die Wahrheit so oder so auffasst. Es geht insofern um die performativen Konsequenzen verschiedener Wahrheitsauffassungen. Wenn nun der Kunstwert des Werks in seinem

Wahrheitswert, aber nicht in seiner Wahrheit besteht, d.h. in einer Wahrheitsprätention, deren Erfüllung nur institutionell definiert ist, wenn das Kunstwerk zwar der Ort einer Wahrheit zu sein prätendiert, die aber nichts Zwingendes haben soll, dann ist das Kunstwerk hiermit als Fetisch definiert. Der Fetisch ist nämlich ein falscher Gott, den man verehrt, obwohl man zugleich weiß, dass er keine Wirklichkeit hat, oder, psychoanalytisch ausgedrückt, ein Ersatz des Objektes der Begierde, dessen erkannte Wertlosigkeit gleichwohl den Gebrauch nicht hindert. Das Museum wäre demnach derjenige Ort, welcher den Kunstfetischismus öffentlich konsakriert. Und man könnte sich fragen, worin eigentlich dessen Funktion in unserer Gesellschaft besteht.

Betrachtet man aber die Kunstproduktion der letzten fünfzig Jahre, so lässt sich ein zunehmender Einfluss der hier geschilderten Lage auf diese Produktion selbst feststellen, eine Tendenz in den Kunstwerken selbst, geradezu als Fetische oder wenigstens im Problemfeld eines durch die Institution und die dazugehörige Theorie strukturell gewordenen Fetischismus zu funktionieren. Die noch von Adorno verteidigte „Kategorie des Neuen" mitsamt des in ihr enthaltenen Potenzials an „Skandal" beispielsweise hat sich in dem Sinne verändert, als sie inzwischen (nach über einem Jahrhundert Erfahrung mit den Avantgarden und der bei ihnen zu erwartenden schnellen Wertsteigerung) zum Signum des zukünftig Gültigen, eines Kunstwertes ward und daher zu einer Norm, welche sich als struktureller Akademismus in der Form institutioneller Kunsttheorie niederschlug. Die Zukunft selbst fungiert hier als Dimension einer zu erwartenden, also antizipierbaren Gegenwart, mithin nicht als die schlechthin unerforschte und daher strukturell zu respektierende Dimension des Anderen. Unter den Bedingungen einer solchen Norm ist „Avantgarde" als solche unmöglich, nicht mehr die Form, in der sich, falls überhaupt, so etwas wie Kunst noch ereignen kann. Es wäre einiges darüber zu berichten, welche Blüten diese Situation inzwischen in der akademischen Lehre getrieben hat, wo betagte Professoren ihren jugendlichen Schülern im Namen jener Norm vorrechnen, dass ihre schöpferischen Sehnsüchte „veraltet" seien (weil irgendeinem älteren Vorbild ähnlich).

Es ist aber keine Verdrängung, bei der das Verdrängte nicht zu einer (pathologischen) Wiederkehr gedrängt würde. Diese findet auch wirklich schon statt, außerhalb des Museums, im Graffiti etwa, einem Ausdruck, den wir pathologisch heißen, weil er durch seine Formensprache präzise diejenigen Schemata reaffirmiert, denen er seine innerste Verletztheit und Schmerz verdankt. Man macht sich fahrlässigerweise keinen Begriff von dem Ausmaß, d.h. eigentlich von der Maßlosigkeit der Verletzung und Verstümmelung, die in diesem Symptom nach Ausdruck ringt, Verletztheit der Spache, deren Gespräch wir sind.

Nicht seit gestern aber scheint sich im Schatten des Fetischs stets das an und für sich selbst Gültige aufgehalten zu haben, dasjenige, was Platon einmal die Idee und ein anderes Mal das in seiender Weise Seiende genannt hat (Timaios, 28). Die Funktion dieses in seiender Weise Seienden war für Platon etwa die, welche Lacan dem großen Anderen beimaß, durch dessen Mangel in der symbolischen Organisation eines Subjektes die Psychose definiert ist. Diese Funktion, welche wir hier einfach als die der Wahrheit bezeichnen, ist prinzipiell gleichgültig gegenüber ihrem etwaigen „Wert", gegenüber Mehrheiten und öffentlicher Konsekration. Hierdurch hat sie einen Platz für die Stimme der Ausgeschlossenen, wie auch die Geschichte nach Walter Benjamin nicht bloß die Sukzession der Erfolge, worin alles Unterlegene vergessen wird, sondern zugleich die Aufgabe bleibt, dem Unsäglichen der Vergangenheit zu entsprechen und dem Unausdenklichen die Möglichkeit einer Zukunft zu lassen.

Wo der Wahrheitswert in der gekennzeichneten Weise institutionalisiert ist, da befindet sich die Wahrheit strukturell im Exil. Es wäre daher denkbar, dass im Museum der Wahrheit im Schatten ihres Werts dennoch ein Platz eingeräumt wäre, so nämlich, dass die Funktion des Fetischs gleich einer leeren Variablen zum Platzhalter für das Werk wird, indem seine Leere selbst ihn zu dieser Funktion bestimmt. Das Museum wäre hierdurch Asyl zugleich und die Stätte einer Gastfreundschaft, gewährt dem Werk und dem Besucher, ein Ort, an dem es Sinn hätte, dass der Eintritt frei wäre.

Dies ist, was dem Museum eine eigenartige Zeitlichkeit verleiht: Erstens scheint das Museum insbesondere der Vergangenheit zugewandt zu sein (und war es in seiner Geschichte zuerst in der Tat). Auch heute noch ist das Museum (und vermutlich mehr denn je) ein Ort der Konservation. Hierher kommt ihm ein gewisser Charakter von „Zeitlosigkeit", die aber nichts anderes als nur ein Modus unter anderen von Zeitlichkeit ist, eine Zeit des Bleibens und der Weile, eine Zeit des Einhaltens und Nachdenkens. Schon in den 60er Jahren monierten zwar die Kritiker des Museums folgerichtig diese kontemplative „Attitüde", die man für „romantisch" hielt, sie übergingen dabei aber – vielleicht willentlich –, dass man zu allen Zeiten nachgedacht hat. Es könnte aber wohl auch eine lebendige Beteiligung an zeitgenössischer Kunstproduktion geben, welche in einem Nachdenken bestünde, das sich Zeit nimmt und das die Weile braucht, die das Museum ihm etwa anböte. Und diese Weile könnte sich vielleicht sogar auf solche Kunstwerke beziehen, die an ihnen selbst eine andere Art der Zeitlichkeit transportieren, die also eigentlich gerade nicht zu „Meditation" einladen – man denke nur an die Arbeit eines Andy Warhol, von der wir uns denken, dass sie, in ganz außerordentlicher Weise von der Dialektik des Fetischs betroffen und im übrigen höchst unkontemplativ, gleichwohl die hier aufgeworfenen und andere damit verbundene Zusammenhänge in höchst prägnanter Form einem Nachdenken, das sich jene Zeit dennoch nähme, auf strukturell symptomatische Weise (als etwas, das mit dieser Arbeit „mitgeworfen" ist) aufdrängen würde. Die Rückwärtswendung scheint selbst solche Museen zu betreffen, die sich geradezu auf die jüngste Aktualität spezialisieren, indem jedes auch noch so neue Kunstwerk in den Händen des Museums wiederum aus strukturellen Gründen sogleich zum konservatorischen Problem wird, woran nicht zuletzt sein abstrakter „Wert" schuld ist; und je weiter wir fortschreiten, desto drakonischer werden die konservatorischen und versicherungstechnischen Anforderungen, welche offensichtlich Folgen sowohl und Vektoren der eingangs beschriebenen Fetischisierung des Artefaktes sind. Die Verwandlung der „neuesten" Kunst in ein konservatorisches Problem lässt sich paradigmatisch an den inzwischen schon gealterten Arbeiten von Dieter Roth illustrieren, die aus dem Prozess ihrer eigenen Verfaulung geradezu bestehen, den innerhalb der Grenzen des Verwaltbaren auf Dauer zu erhalten die schwierige Aufgabe der Konservatoren und Restauratoren ist. Man könnte diesen und anderen Werken ihre Aktualität erhalten, erlaubte man ihnen zu altern (was nicht das Gleiche bedeutet wie sie einfach verfallen zu lassen). Denn indem sie altern, tragen sie uns ihre eigene Zeit zu, aus der als einem Fremden sie uns, unzeitgemäß, aber als ein immer noch Wirkendes und Wirkliches, angingen. Dies etwa ist die Lehre, welche aus Beuys' Antwort auf

eine Anfrage der Museumsdirektion des Centre Pompidou zu ziehen war, in welcher er, da man von ihm die Restaurierung der *Infiltration homogen* erbat – der Filzüberzug des Flügels war lasch geworden –, zunächst einfach abriet und auf weiteres Drängen endlich die alte Haut abzog, als eine eigene Arbeit an die Wand hängte und dem Flügel ein neues Kleid gab, d.h. indem er das Altern dieses Werks eben selbst vorführte. Heute sieht man es dem neuen Kleid an, dass es nicht das alte ist; dies gehört für alle Zukunft nun zu diesem Werk der 80er Jahre. Es genügt aber, dass sich eine Kunst im Museum einrichtet, und es ist schon nicht mehr zu vermeiden, dass diese Kunst es in der geschilderten Weise mit einem Altern erfüllt, wenn anders die Kunst in dem angedeuteten Sinne Geschichte herausgibt.

Unter den Bedingungen des Kunstwertes (im hier präzisierten Sinne) ist aber die eigene Zeit des Kunstwerks die Unzeit. Als Unzeit bezeichnen wir das Gegenteil der rechten Zeit, nämlich derjenigen Zeit, in die ein Subjekt sich einzubringen verstehen muss, wenn es nicht aus der Rede seiner Zeit herausfallen, d.h. dem Wahnsinn verfallen will. Die Möglichkeit, diese Zeit zu verpassen, ist nach einem Wort Lacans der ontologische Ort der Angst. In dieser Unzeit aber wohnt das Werk in kranker Sprache. Aus dieser Unzeit nimmt es seine Weile sowohl und die Geduld zu altern. Insofern es eine Zeit hat, kann es eine Zeit geben, d.h. hat es Zukunft.

Im Schatten des Kunstwertes räumt das Museum der Unzeit der Kunst einen Platz ein. Insofern das Kunstwerk aus der Unzeit im Gespräch der kranken Sprache spricht, das wir sind, hat es Weile zu warten und ist als die Weile dieses Wartens die Gegenwart einer Zukunft, die uns erwartet, d.h. möglicherweise heilt, wie Beuys sagt.

Bruno Haas ist seit 2005 Dozent der Philosophie der Kunst an der Universität Paris I (Panthéon-Sorbonne).

1 Zitiert nach: Joseph Beuys, *Das Geheimnis der Knospe zarter Hülle. Texte 1941–1986*, Hrsg. Eva Beuys, München 2000, S. 25.

Temporary of Permanent, 2010–2011

Agata Madejska

Die Fotografin lebt und arbeitet in Essen und London.

Entrance (Exit), 2011

Wall I, 2011

Picture I, 2011

Corridor, 2011

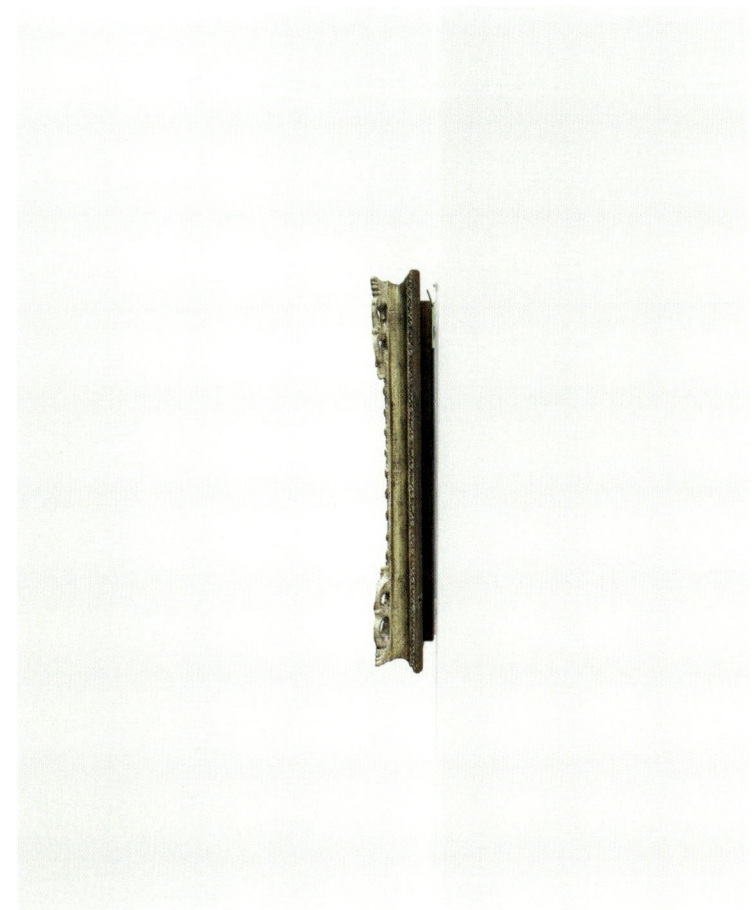

Picture II, 2011

Corner, 2011

Picture III, 2011

Space I, 2011

Space II, 2011

Wall II, 2011

Bismarckstraße, Goethestraße, 2011

Stephanie Kiwitt

Die Fotografin lebt und arbeitet in Brüssel.

La rencontre, 2011

Marion Poussier

Die Fotografin lebt und arbeitet in Paris.

Planung und Bau

Daten und Fakten

Bauherr:
Neubau Museum Folkwang Essen GmbH,
ein Unternehmen der WOLFF GRUPPE,
im Auftrag der Alfried Krupp von Bohlen
und Halbach-Stiftung, Essen

Architekt:
David Chipperfield Architects,
Berlin/London

Leitdetailplanung, künstlerische Leitung:
Alexander Schwarz, Berlin

Künstlerische Beratung, Museografie:
Lorenzo Piqueras, Paris

Bauvolumen:
55 Millionen Euro

Architektur (LP 5):
PLAN FORWARD GmbH, Stuttgart

Projektsteuerung:
W+P Gesellschaft für Projektabwicklung mbH,
Essen

Vergabe/Bauleitung:
W+P Gesellschaft für Projektabwicklung mbH,
Essen

Heizungs-, Lüftungs- und Sanitärtechnik:
Giesen-Gillhoff-Loomans GbR,
Krefeld

Elektrotechnik:
BBT Ingenieure GmbH, Düsseldorf

Brandschutz:
Ingenieurgesellschaft für Brandschutz
Dr. Hagen GmbH, Essen
Dipl.-Ing. Bernhard Spitthöver GmbH,
Essen

Statik:
PÜHL UND BECKER Ingenieurberatung VBI,
Essen

Prüfstatik:
WLP Ingenieure, Mülheim/Ruhr

Bauakustik / Bauphysik:
ISRW Klapdor GmbH, Düsseldorf

Fassadenplanung:
PAZDERA AG, Coburg

Außenanlagen:
Dipl.-Ing. Meinolf Hasse, Mülheim/Ruhr

Vermessung:
Vermessungsbüro Köhncke, Essen

Küchenplanung:
FLÜGEL Großküchentechnik GmbH,
Essen

Lichtplanung:
Arup GmbH, Berlin

Gebäudesimulation:
Institut für angewandte Energiesimulation
und Facility Management (ifes), Frechen

Sicherheitskonzept:
Institut für angewandte Sicherheitstechnik (ifas),
Mülheim/Ruhr

Wettbewerb:
2007

Fertigstellung:
2009

Eröffnung:
Januar 2010

Nettogrundfläche Neubau:
22.650 m²

Nutzfläche Neubau:
ca. 20.000 m² inkl. Ausstellungsfläche
und Tiefgarage

Nutzfläche gesamt (inkl. Altbau):
ca. 24.000 m²

Ausstellungsfläche gesamt (inkl. Altbau):
ca. 6.200 m²

Ausstellungsfläche Neubau:
ca. 3.800 m²

Ausstellungsfläche Altbau:
2.400 m²

Wechselausstellungshalle:
1.500 m²

Sammlungen Malerei und Skulptur:
1.400 m²

Fotografische Sammlung:
370 m²

Deutsches Plakat Museum:
350 m²

Grafische Sammlung:
160 m²

Weitere Funktionen:

Eingang mit Foyer:
ca. 500 m²

Inforaum Foyer:
50 m²

Künstler-Projektraum:
50 m²

Multifunktionsraum:
260 m²

Restaurierung (Foto, Papier, Plakat, Gemälde):
ca. 600 m²

Werkstätten:
ca. 930 m²

Depots:
ca. 2.280 m²

Restaurant:
ca. 225 m²

Buchhandlung:
ca.110 m²

Tiefgarage:
3.670 m² (135 Stellplätze)

Museum Folkwang
Die Architektur

Herausgeber: Museum Folkwang, Essen
Konzept: Ute Eskildsen, Hartwig Fischer
Lektorat: Daniela Böhmler
Buchgestaltung: Sarah Winter und Ute Eskildsen
Bildbearbeitung: Steidl's digital darkroom
Gesamtherstellung und Druck: Steidl, Göttingen

Fotonachweise:

Wolf Haug (S. 20–33, S. 68–77 und S. 80–81);
Hufton + Crow (S. 64–67 und S. 82–84);
Jens Nober (S. 78–79); Nikolaus Koliusis (S. 85);
Museum Folkwang, Fotoarchiv (S. 100, Abb. 1);
Dr. Franz Stoedtner (S. 100, Abb. 2);
Albert Renger-Patzsch (S. 101, Abb. 4, und S. 102,
Abb. 5 und 6); Peter Happel (S. 103, Abb. 7 und 8);
Peter Wieler (S. 104, Abb. 9).

Die Fotoessays von Agata Madejska, Stephanie Kiwitt
und Marion Poussier sind im Auftrag des
Museum Folkwang entstanden.

ISBN 978-3-86930-090-0
Printed in Germany by Steidl

Museum Folkwang
Museumsplatz 1
45128 Essen
Telefon +49 201 884 5000
Fax +49 201 889 145 000
www.museum-folkwang.de

Edition Folkwang/Steidl
Düstere Str. 4
37073 Göttingen
Tel. 0551 49 60 60
Fax 0551 49 60 649
mail@steidl.de
www.steidl.de / www.steidlville.com

Umschlagmotive:
Fotos von Wolf Haug (Vorderseite)
und Hufton + Crow (Rückseite)